KB200521

"비행기처럼 목적지를 설정하라. 그러면 자동으로 그 곳에 도착할 것이다"

비행기 믿음을 가지라

김열방 이은영 정은하 지음

날개미디어

비행기 믿음을 가지면 자동으로 성공한다

당신은 멋진 인생을 살고 있습니까?

나는 멋진 인생을 꿈꾸었고 지금은 그대로 이루어져서 실제로 그런 인생을 날마다 누리며 살고 있습니다. 나는 그동안 어떻게 하면 멋진 인생을 살 수 있는지 많이 고민했고 그 결과 '비행기 믿음'을 깨닫게 되었습니다. 그것이 무엇일까요? 세 가지입니다.

비행기 믿음은 도착지를 먼저 정하는 것이다

첫째, 비행기 믿음은 도착지를 먼저 정하는 것입니다.

어떤 사람도 여행할 때 아무 비행기나 타지 않습니다. 왜일까요? 비행기를 타는 순간 그 비행기가 정해진 목적지까지 계속 하늘을 날아간다는 것을 알기 때문입니다. 비행기는 하늘을 나는 동안 공중에서 쉬지 않기 때문에 중간에 바꿔 탈 수도 없습니다.

그러므로 비행기를 탈 때는 미리 계획을 세우고 정확한 목적지를 설정한 다음에 타는 것이 상식입니다. 믿음도 이와 같습니다.

당신이 믿음이란 비행기를 탈 때 원하는 목적지를 설정하면 그 비행기가 창공을 날아 자동으로 그곳에 도착하게 됩니다.

목적지 설정에는 '영마몸' 세 가지 종류가 있습니다.

영혼의 목적지는 예수님을 사랑하는 것입니다.
마음의 목적지는 꿈과 소원을 이루는 것입니다.
몸의 목적지는 건강과 쾌적함을 누리는 것입니다.

당신은 어떤 목적지를 설정하고 살아갑니까?
나는 영원히 변함없이 우리 주 예수 그리스도를 사랑합니다.
나는 많은 꿈과 소원을 갖고 있고 그 목적지로 날고 있습니다.
나는 날마다 건강하고 쾌적한 삶을 살고 있습니다.
당신도 이렇게 세 가지의 목적지를 정하십시오.
우리 주 예수 그리스도를 영원히 변함없이 믿고 사랑하십시오.

하늘과 땅의 모든 권세를 가지신 예수님은 우주 만물의 주인이십니다. 이러한 예수님이 당신 안에 실제로 살아 계십니다. 예수님은 천군 천사, 사탄과 악한 영들, 사람과 사건, 상황과 만물보다 억만 배나 크신 분입니다. 그분을 믿고 사랑하십시오.

예수님을 믿고 사랑할 때 참된 만족과 행복이 있습니다.

"우리 주 예수 그리스도를 변함없이 사랑하는 모든 자에게 은혜가 있을지어다"(엡 6:24)라는 말씀처럼 나는 예수님을 뜨겁게 사랑합니다. 믿음 비행기의 기장은 예수님이십니다. 난기류가 생겨도 예수님만 바라보면 마음에 기쁨과 평강이 가득해집니다.

하지만 당신이 크신 예수님이 아닌 사람과 사건, 사물과 상황을 바라보면 당신의 마음에서 평강이 사라지고 불행해집니다.

믿음 비행기 안에서는 남편이나 아내, 부모님이나 자녀, 형제나 친척, 친구 등을 바라보지 말고 오직 믿음의 주요 또 온전케 하시는 이인 예수님만 바라보고 그분을 믿고 사랑해야 합니다.

그리고 인생은 꿈을 꾸어야 합니다. 꿈이 없는 인생은 죽은 인생입니다. 당신의 가슴을 뛰게 하는 꿈과 소원 목록을 120가지 적으십시오. 한 번 구한 다음에 기도하고 구한 것을 받았다고 믿으십시오. 비행기를 타는 순간 사람들은 목적지에 도착했다고 믿고 그 안에서 편안하게 쉼을 누립니다. 비행기 안에서 목적지에 더 빨리 도착하겠다고 뛰거나 애쓰는 사람은 아무도 없습니다.

당신이 비행기 표를 끊는 순간 이미 목적지에 도착했다고 믿습니다. 당신의 손에 쥐고 있는 비행기 표가 "믿음은 바라는 것들의 실상이다"라는 말씀에서 말하는 '실상'입니다. 실상을 갖고 있는 사람은 그것을 얻기 위해 더 이상 힘쓰고 애쓰지 않아도 됩니다.

우리 인생의 비행기 표 값은 예수님이 십자가에서 피와 땀과 눈물을 흘리며 다 지불하셨습니다. "다 이루었다"(요 19:3)는 말씀은 "값을 다 지불했다"는 뜻입니다. 의를 위한 비용, 성령 충만을 위한 비용, 건강을 위한 비용, 부요를 위한 비용, 지혜를 위한 비용, 평화를 위한 비용, 생명을 위한 비용 등 예수님이 당신을 위해 모든 비용을 지불하셨기 때문에 더 이상 지불할 것이 없습니다. 꿈의 성취와 기도 응답에 대한 비용도 그분이 다 지불하셨습니다. 예수님은 기도하고 구한 것은 받은 줄로 믿으라고 하셨습니다. "내가 너희에게 말하노니 무엇이든지 기도하고 구하는 것은 받은 줄로 믿으라. 그리하면 너희에게 그대로 되리라."(막 11:24)

기도하고 구한 것을 받았다고 믿는 것이 '비행기 믿음'입니다.

기도하고 구한 것은 받았다고 믿고 행복한 마음으로 비행하십시오. 시간이 지나면 정확하게 목적지에 도착할 것입니다.

"너희에게 그대로 되리라"는 말씀처럼 정말 그대로 다 됩니다.

비행기 안에서 어떤 감정적인 좋고 나쁜 일이 생기든지 상관없이 비행기는 목적지까지 날아 자동으로 도착합니다. 비행기 안에서 개인의 기분이나 컨디션은 아무 상관없습니다. 비행기 안에서 부부 싸움을 해도 아이가 울어도 상관없이 어쨌든 비행기는 쉬지 않고 계속 날아갑니다. 비행기에 탄 사람에게 문제가 생겼다고 그것을 해결하기 위해 창공을 나는 비행기가 갑자기 뚝 멈춰 서지 않습니다. 계속 납니다. 믿음 비행기도 이와 같습니다.

당신의 기분이 어떤 상태든지 상관없이 계속 날아갑니다.

'금방 나는 아내와 말다툼을 했어. 기분이 아주 안 좋아. 내 감정이 지금 우울한데 비행기가 제대로 목적지에 도착할까? 내가 기도하고 구한 것을 받을 수 있을까? 안 들어오면 어떡하지?'

그렇게 생각하지 말아야 합니다. 당신이 타고 있는 믿음 비행기는 한 번 기도하고 구한 것을 받았다고 믿으면 그대로 날아 목적지에 도착합니다. 당신이 기도하고 구한대로 결혼하고 자녀를 낳게 되고 집과 땅과 빌딩, 벤츠를 사게 됩니다. 매달 억대 수입을 올리게 됩니다. 많은 책을 써내게 됩니다. 전국과 세계를 다니며 강연하게 됩니다. 사업이 크게 성공하고 교회가 부흥됩니다. 이것이 바로 당신이 원하는 것을 얻게 하는 '믿음의 힘'입니다.

"비행기 안에서 옆 사람과 마찰이 생기면 어떻게 하나요?"

기분과 상관없이 비행기는 목적지에 도착한다고 했지만, 비행기 안에서 함께 탄 사람들과 말다툼을 하거나 감정적인 일이 생기면 비행하는 내내 모두 기분이 안 좋아집니다. 배에서 쓴 물이 올라오고 가슴에 먹구름이 끼어 답답해지고 얼굴이 굳어지게 됩니다. 비행하는 내내 우울해지고 괜히 여행한다는 생각까지 듭니다. 그렇다고 공중에서 비행기를 멈추고 혼자 뛰어내릴 순 없습니다. 그럴 때 어떻게 하면 좋을까요? 그들의 허물을 용서해야 합니다.

나도 믿음의 비행기를 타고 여행하는 중에 꼬박 1년간 나를 힘들게 하고 괴롭힌 한 사람이 있었습니다. 그 사람만 떠올리면 가슴이 답답해지고 숨이 막힐 정도였습니다. 그 사람은 내 마음에서 기쁨을 빼앗아 가는 사람이었습니다. 그런데 주님께서는 내게 "항상 기뻐하라"(살전 5:12)고 명령하셨습니다. 나는 이런 상황에서 어떻게 하면 항상 기뻐할 수 있냐고 주님께 물었습니다.

그러자 어느 날 주님께서 내게 놀라운 깨달음을 주셨습니다.

"일곱 번에 일흔 번까지라도 형제를 용서하면 된다. 그러면 항상 기뻐할 수 있다. 일곱 번에 일흔 번까지라도 형제를 용서해라. 그리고 항상 기뻐하라. 형제가 아닌 원수라 할지라도 용서하라."

나는 그렇게 했습니다. 내 마음에서 그 사람을 용서했습니다. 그 사람이 바뀌든, 안 바뀌든 상관없이 나는 용서했습니다. "그 사람이 바뀌었음. 감사합니다"라고 믿음의 기도를 한 후에 결과는 하나님께 맡기고 나는 용서하고 또 용서했습니다. 그러자 무엇보다도 내 마음이 바뀌었습니다. 다시 기쁨이 가득해진 것입니다.

그렇습니다. 일곱 번에 일흔 번까지라도 형제를 용서하십시오. 비록 그 사람이 원수라 할지라도 용서하고 사랑하십시오. 그러면 당신의 마음에서 분노와 미움, 원망과 좌절이 사라지게 되고 다시 하나님이 주신 기쁨이 가득 차게 됩니다. 목적지에 도착할 때까지 비행하는 내내 당신의 마음이 행복해질 것입니다.

"예수께서 이르시되, 네게 이르노니 일곱 번뿐 아니라 일곱 번을 일흔 번까지라도 용서할지니라."(마 18:22)

일류 호텔 사장처럼 집을 관리하라

둘째, 호텔 사장처럼 집을 깨끗하게 관리하십시오.

사람들은 비행기에서 내리면 쉬기 위해 호텔로 갑니다.

호텔은 '집'입니다. 인생도 계속 비행기를 타고 하늘을 날 수만은 없습니다. 한 가지 일이 끝나면 집에 들어가 쉬어야 합니다.

사람이 이 땅에서 한 평생 사는 동안 가장 중요한 것은 집입니다. 당신의 몸도 영혼의 집입니다. 몸이 무너지면 당신의 영혼은

이 땅에서 있을 곳이 없어집니다. 당신의 몸을 깨끗하고 건강하게 잘 관리하십시오. 하루에 8시간씩 잠을 푹 자고 성경에서 말한 깨끗한 식물을 먹고 매일 조금씩 꾸준히 운동하십시오.

당신의 몸이 건강하면 이 땅에서 120년 동안 살게 됩니다. 그동안 당신의 몸이 편안하게 거할 '건물로 된 집'도 꼭 필요하며 소중합니다. 당신은 그 집을 어떻게 관리하고 있습니까?

'왜 나는 아직도 지하 단칸방에 사는 걸까? 하나님은 왜 내게 넓은 집을 주지 않으시는 거야? 나도 30평 아파트에 살고 싶어.'

하나님은 당신에게 그런 좋은 집을 주기 원하십니다.

"나는 이미 그런 집을 가졌다, 받았다"고 믿고 지금 생활하고 있는 작은 방을 잘 관리해야 합니다. 어떻게 하면 될까요? 지금 사는 지하 단칸방을 호텔 방처럼 여기며 잘 관리하십시오.

한 아이가 대부호인 아빠에게 이렇게 요청했습니다.

"아빠, 제게도 큰 방을 주세요. 제 방은 너무 작아요."

아빠는 미소를 지으며 지금의 방을 잘 관리하라고 말했습니다.

"그래, 줄게. 하지만 네가 지금 그 작은 방을 얼마나 어지럽히는지 생각해 보렴. 그런 네게 더 넓은 방을 주면 더 넓게 어지럽힐 거야. 큰 방을 얻기 전에 지금 있는 작은 방부터 호텔 방처럼 깨끗하게 관리하는 것을 배우렴. 작은 방을 관리하지 못하는 사람에게 큰 방을 주면 그 방은 더 큰 쓰레기장이 될 뿐이야."

하나님은 없는 자에게는 그 있는 것도 빼앗고 있는 자에게는 더 많은 것을 주라고 하셨습니다. 이것은 소유의 개념이 아닌 경영의 개념입니다. 세상 모든 것의 주인은 하나님이십니다.

"곁에 섰는 자들에게 이르되 그 한 므나를 빼앗아 열 므나 있는 자에게 주라 하니 그들이 이르되 주여 그에게 이미 열 므나가 있나이다. 주인이 이르되 내가 너희에게 말하노니 무릇 있는 자는 받겠고 없는 자는 그 있는 것도 빼앗기리라."(눅 19:24~26)

큰 호텔 주인도 처음엔 자신의 작은 방 하나를 잘 관리했기 때문에 수백 개의 룸이 있는 호텔 빌딩을 갖게 된 것입니다.

"아버지가 부자였으니까요?" 그렇지 않습니다.

모든 대기업 회장이 처음엔 빈손으로 시작했습니다.

힐튼 호텔의 주인인 힐튼(Conrad Hilton, 1887~1979)도 조그마한 시골집 하나를 빌려 개조해서 여관업을 시작했습니다. 그는 그 작은 집을 일류 호텔처럼 여기며 잘 관리했기 때문에 하나님께 더 많은 것을 받았고 세계적인 호텔 체인망까지 갖게 된 것입니다. 사람들은 무작정 많이 가지는 것에만 몰두하지만 하나님은 지금 가진 것을 소중히 여기며 잘 관리하라고 말씀하십니다.

"작은 방을 어지럽히는 사람에게 큰 방을 주면 더 많이 어지럽힐 것이다. 작은 방을 호텔 방처럼 깨끗하게 잘 관리하는 사람에게 큰 방을 주면 더 깨끗하게 잘 관리할 것이다."

그렇지 않습니까? 당신의 소유물이 작아서의 문제가 아닙니다.

방 한 칸을 제대로 관리하지 못하는 사람에게 하나를 더 주면 두 개의 방을 어지럽힐 뿐이고, 신발 한 켤레를 제대로 관리하지 못하는 사람에게 하나를 더 주면 현관과 신발장을 더 어지럽힐 뿐이고, 옷 한 벌을 제대로 관리하지 못하는 사람에게 하나를 더 주면 옷장을 더 어지럽힐 뿐이고, 그릇 하나를 제대로 관리하지 못하는 사람에게 하나를 더 주면 주방을 더 어지럽힐 뿐입니다.

하나님이 당신에게 맡기신 것을 깨끗하게 관리하십시오.

오늘부터 '호텔 마인드'를 가지고 당신의 집을 별 다섯 개짜리 일류 호텔처럼 깨끗하고 심플하게 잘 관리하십시오.

호텔 방은 왜 그렇게 깨끗할까요?

호텔 방에서 가장 중요한 것은 '물건이 적다'는 것입니다.

나는 호텔 방에 묵을 때마다 '와, 쾌적하다. 이런 집에서 살고 싶다'고 생각하곤 했습니다. '그런데 왜 내가 사는 집은 이렇게 쾌적하지 못할까? 이 호텔 방보다 내 집이 더 큰 것 같은데.'

그 이유를 알았습니다. 호텔 방에는 잡다한 물건이 없다는 것입니다. 꼭 있어야 할 물건 몇 개만 있었습니다. 그래서 나도 호텔 방처럼 집안을 심플하게 꾸미기 시작했습니다. 몇 개의 럭셔리한 물건만 두고 모두 정리하기 시작했습니다. 당신이 호텔에서 하루를 묵게 되면 그 룸에 몇 개의 물건이 있는지 세어 보십시오. 5개, 10개 등 당신의 방에서도 그 숫자만큼의 물건만 두고 다 정리하십시오. 그러면 당신의 방이 호텔 방처럼 쾌적해질 것입니다.

내 방과 아이들 방에도 책은 많지만 물건은 몇 개 없습니다. 내면의 깨달음을 위한 책은 많이 소장하되 외부에 보이는 물건은 최대한 적게 몇 개만 소장해야 합니다. 이렇게 해보십시오.

1) 테이블 위의 물건은 한두 개만 두고 모두 서랍에 넣어라.
2) 일류 호텔에서 쓸 만한 고급스런 물건만 사라. 길거리나 인터넷에서 싸다고 충동 구매하지 마라. 버릴 때까지 스트레스가 된다.
3) 할인이나 싸다고 대량 구매하지 말고 꼭 필요한 양만 사라.

4) 안 쓰는 물건은 재활용을 통해 익명의 사람에게 선물하라.
5) 자기 계발을 위해서는 아낌없이 투자하라.

당신이 안 쓰는 물건에 대해서는 '이걸 누구에게 줄까?'라고 며칠 동안 머리 터지게 고민하지 말고 지금 당장 재활용 통에 넣어 익명의 사람에게 기증하십시오. 여기저기 지인의 얼굴을 떠올리며 나중에 만나 주려고 하면 스트레스만 받습니다. 주고 난 후에도 기분이 찝찝합니다. 그런 중에 겪는 정신적인 손실도 큽니다.

생활 용품도 "할인 행사를 한다, 싸다"고 대량 구매하지 말고 꼭 필요한 만큼만 구매하십시오. 다 쓰고 나면 그때 다시 구매하면 됩니다. 집안에 잡다한 물건이 쌓이지 않도록 관리하십시오.

쓰레기가 쌓이지 않게 자주 버리십시오. 쓰레기는 쓰레기를 불러오고 돈은 돈을 불러옵니다. 당신의 집에는 뭐가 더 많습니까?

청소하고 정리하면 기분이 좋아지고 에너지가 충전됩니다.

하나님이 당신에게 주신 집을 매일 깨끗하게 청소하고 정리하십시오. 호텔 방처럼 깨끗하게 청소하십시오. 하루 일과가 끝나고 잠자기 전에, 샤워하고 난 후에 욕실 수전의 물도 깨끗하게 닦아내 광이 나게 하십시오. 신발도 신발장에 넣으십시오.

정리는 어떻게 하면 될까요? 간단합니다.

"어떤 물건이든지 사용했으면 원래 있던 장소에 두라."

많은 사람들이 사용할 때만 편하게 갖다 쓰고 일단 쓰고 나면 귀찮다며 그것을 썼던 장소에 그냥 둡니다. 내가 사용했으면 끝났으니까 그 후로는 1미터도 움직이기 싫어하는 것이죠. 그리고 일어나 볼일 보러 갑니다. 그러면 다른 사람이 치워야 합니다.

컵도 사용하고 책상 위에 그대로 두고 잠옷도 벗어 침대 위에 그대로 던져둡니다. 즉시 개어서 옷장에 넣어야 합니다. 잠옷 주인은 아침에 일어나 멋진 옷을 차려 입고 나갔는데 잠옷은 하루 종일 침대 위에 쓰러져 자고 있습니다. 예수님은 부활하신 후에 자신의 옷을 갰습니다. 아무리 바빠도 벗은 옷을 개야 합니다.

책상 위에, 침대 위에 물건을 올려놓지 마십시오.

나쁜 습관을 좋은 습관으로 하나씩 바꾸라

셋째, 습관을 하나씩 바꾸십시오.

나쁜 습관을 좋은 습관으로 조금씩 바꾸십시오.

먼저, 작은 것부터 하나씩 자급자족하는 습관을 가지십시오.

비행기 안에 있는 사람들은 다들 자급자족합니다. 아주 어린 아기만 엄마가 가슴에 안고 돌봅니다. 다른 사람들은 모두 자기 자리에 앉아서 편안한 마음으로 자기 할 일을 하며 여행합니다.

인생에서 행복하기를 원한다면 자급자족해야 합니다.

자급자족하는 것을 종류별로 하나씩 배워 나가십시오.

청소하고 정리 정돈하는 것도 스스로 하십시오.

자기 계발을 위해 카페에 가서 커피 한 잔 마시는 것, 하루 종일 먼지 날리며 신었던 신발을 스스로 닦는 것, 입었던 잠옷을 개어서 옷장에 넣는 것, 이불을 개고 정리하는 것, 샤워한 후에 욕실을 청소하고 정리하는 것, 택배 박스를 바로 버리는 것, 자동차에 있는 휴지를 버리고 세차하는 것 등 하나씩 자급자족하십시오.

'누가 내게 커피 한 잔 좀 안 사주나?'
'누가 내게 밥 한 그릇 좀 안 사주나?'
'누가 내 대신 더러워진 신발 좀 안 닦아 주나?'
'누가 내 대신 잠옷을 좀 개어서 옷장에 넣어 주지 않나?'
'누가 내 대신 이불을 좀 개고 침대를 정리해 주지 않나?'
'누가 내 대신 내 방 청소 좀 해주지 않나?'
'누가 내 대신 욕실에 있는 물기 좀 제거해 주지 않나?'
'누가 내 대신 택배 박스 좀 버려 주지 않나?'
'누가 내 대신 핸드폰 요금 좀 내주지 않나?'
'누가 내 대신 택시비 좀 내주지 않나?'
'누가 내 대신 세차 좀 해주지 않나?

왜 작은 일에 다른 사람을 의지합니까? 자급자족하십시오.
그런 작은 것은 당신이 직접 준비하고 해결하는 것이 가장 마음 편합니다. 자급자족하면 커피 한 잔, 밥 한 그릇, 택시비, 핸드폰 요금 때문에 마음 졸일 필요 없습니다. 마음이 행복해집니다.
당신이 할 수 있는 작은 일은 모두 당신이 하십시오. 그러면 당신과 함께 여행하는 사람들도 행복해집니다. 당신이 해야 할 작은 일을 다른 사람이 해주길 바랐다가 그대로 안 되면 원망과 불평이 나오기 때문에 당신의 마음이 행복할 수 없습니다.
믿음의 여행을 하는 동안 각자 자급자족하도록 도우십시오.
하나부터 열까지 다 챙기며 주변 사람에게 너무 잘해 주지 마십시오. 처음엔 호의로 작은 도움을 주었다가도 그것이 반복되면 의무가 됩니다. 의무가 되면 받는 사람의 마음에서 감사가 사라지고 "왜 더 잘 해주지 않느냐? 더 많이 해라. 똑바로 해라"며 책망이 돌아오게 됩니다. 그러면 서로 관계가 불편해집니다.

당신도 다른 사람이 당신에게 조금이라도 호의를 베풀어주었다면 박수를 치며 큰 소리로 감사하십시오. "와, 감사합니다. 행복합니다"라고 탄성을 지르십시오. 때로는 기뻐 뛰며 춤을 추며 감사하십시오. 그렇게 감사하는 사람에게 천배의 복이 임합니다.

나는 나쁜 습관을 좋은 습관으로 하나씩 바꾸었습니다.

당신도 습관을 바꾸면 인생이 바뀝니다. 습관을 바꾸면 무거운 인생이 가벼워지고 어려운 인생이 쉬워지고 우울한 인생이 즐거워집니다. 나쁜 습관이 없다고요? 찾으면 있습니다. 이 책을 읽으면 당신이 어떤 습관을 바꿔야 할지 깨닫게 될 것입니다.

만약 하루에 몇 시간씩 소파에 앉아 '텔레비전 보는 습관'을 '기도하는 습관'으로 바꾸면 어떤 일이 일어날까요? 습관이 당신의 인생을 바꾸는 큰 힘이 있습니다. 비행기가 목적지를 정하면 자동으로 도착하는 것처럼 습관을 바꾸는 것도 각자 인생의 목적 달성을 위해 '생활 방식을 자동화'시키는 것입니다.

하나님도 천지 만물의 운영을 자동화하셨습니다.

"땅이 있을 동안에는 심음과 거둠과 추위와 더위와 여름과 겨울과 낮과 밤이 쉬지 아니하리라."(창 8:22)

습관을 따라 자동으로 돌아가게 하면 여행이 즐거워집니다.

믿음의 여행은 그 어떤 여행보다 신나고 즐거운 여행입니다. 그러므로 믿음 비행기 안에서는 어떤 일을 하든지 행복한 마음으로 해야 합니다. 그렇지 않고 불행한 마음으로 여행하면 그 여행이 무슨 의미가 있겠습니까? 사람이 꿈꾸고 소원한 대로 온 천하를 다 얻었다 할지라도 마음이 불행하면 아무 소용없습니다.

　행복한 마음으로 믿음의 여행을 하기 바랍니다.

　인생은 꿈대로 믿음대로 다 됩니다.

2019년 8월 20일

김 열 방

[목차]

당신도 비행기 믿음을 가지라

당신은 최고의 수준을 따라 살고 있습니까?

성경은 하나님의 말씀이며 최고의 수준으로 우리를 초청하고 있습니다. 그런데 많은 사람들이 자기 임의대로 성경을 해석해서 하나님의 말씀을 최하의 수준으로 낮추고 말았습니다.

하늘을 날며 최고의 인생을 살라

당신은 밑바닥의 삶을 삽니까? 아니면 최고의 삶을 삽니까?

나는 날마다 최고의 삶을 꿈꾸었고 그런 삶을 하나님께 구했고 또 믿음으로 다 받아 누리며 행복하게 살고 있습니다. 인생은 꿈대로 믿음대로 다 됩니다. 그러므로 당신도 큰 꿈을 꾸고 믿음으로 하나님께 구해야 합니다. 결코 사람들의 말을 듣고 수준을 낮추지 말아야 합니다. 하나님은 당신을 자꾸 위로 끌어올리시고 사람들은 당신을 자꾸 아래로 끌어내립니다. 그럴 때 당신은 끌어내리는 사람을 따르지 말고 끌어올리시는 하나님을 따라야 합니다. 사람들은 "네 분수를 알아라. 조금이라도 부담이 되면 힘들게 붙들고 있지 말고 마음을 다 비우고 당장 포기해라"고 하지만 하나님은 "큰 꿈을 품고 포기하지 말고 가라. 끝까지 인내해서 꼭 받아라. 없는 것은 내게 구하라. 다 주겠다"고 말씀하십니다.

사람들의 말을 듣고 흔들리지 마라

당신은 사람들의 말을 듣고 수준을 낮춘 적이 없습니까?

나는 성경을 읽고 깨달음을 얻으면 그것을 하나님께 구해서 받아 내곤 했습니다. 그러면 어떤 사람은 내가 받은 것을 사모하며 "주님, 저도 받기를 원합니다"라고 했지만 어떤 사람은 시기 질투 비난하며 "그런 것은 잘못되었다. 당장 멈추라"며 말렸습니다.

그래도 나는 포기하지 않고 계속 밀어붙였습니다.

어떤 이는 내게 기도하지 말라고 했습니다. 그래도 나는 기도했고 기도한 것마다 다 응답받았고 기도 응답 때문에 풍성해졌습니다.

어떤 이는 내게 성령님을 부르지 말라고 했습니다. 그래도 나는 성령님을 불렀고 그분을 사랑하고 그분의 인도를 받았습니다.

어떤 이는 내게 은사를 사용하지 말라고 했습니다. 그래도 나는 은사를 사모했고 받아서 사용했고 많은 기적이 일어났습니다.

어떤 이는 내게 온전한 복음을 믿지 말라고 했습니다. 그래도 나는 온전한 복음을 믿고 전했습니다. 그래서 내 삶이 전인적인 구원의 복을 받아 누리며 행복해졌고 우리 교회 성도들도 그렇습니다.

어떤 이는 내게 책을 쓰지 말라고 했습니다. 그래도 나는 성령님과 함께 많은 책을 써냈습니다. 그 책이 내 대신 전국과 세계를 다니며 복음을 전하며 수많은 교회와 영혼들을 변화시켰습니다.

어떤 이는 내게 강연하지 말라고 했습니다. 그래도 나는 강연했습니다. 강연할 때마다 많은 사람들이 구원받았고 변화되었습니다.

어떤 이는 내게 집을 사지 말라고 했습니다. 그래도 나는 집을 샀고 월세와 전세에서 벗어나 집 주인이 되었고 더욱 부요해졌습니다.

어떤 이는 내게 저축하지 말라고 했습니다. 그래도 나는 저축했습니다. 노아와 야곱, 요셉과 다윗, 개미처럼 저축했습니다.

어떤 이는 내게 아이를 낳지 말라고 했습니다. 그래도 나는 아이를 네 명이나 낳았습니다. 그 아이 한 명이 100조 원 이상의 재산 가치가 있습니다. 자녀는 하나님이 주신 기업이요 상급입니다.

어떤 이는 내게 운동하지 말라고 했습니다. 그래도 나는 운동했고 튼튼한 몸을 만들었습니다. 사람들이 운동은 10대나 20대에 하는 것이라고 그 이후에 운동하면 관절에 무리가 온다고 했습니다. 그래도 나는 운동을 시작했고 날씬하면서도 강한 몸을 만들었습니다.

당신은 어떻습니까? 어떤 부분에서 수준을 낮추었습니까?

왜 하나님의 음성이 아닌 사람들의 말을 듣고 질질 끌려갑니까? 정신을 차리고 다시 하나님의 자녀의 삶의 수준을 회복하십시오. 하나님의 말씀과 성령님의 음성에만 귀를 기울이십시오.

당신이 믿음으로 살면 '믿음의 시련'이 옵니다.

"내 형제들아, 너희가 여러 가지 시험을 당하거든 온전히 기쁘게 여기라. 이는 너희 믿음의 시련이 인내를 만들어 내는 줄 너희가 앎이라. 인내를 온전히 이루라. 이는 너희로 온전하고 구비하여 조금도 부족함이 없게 하려 함이라."(약 1:2~4)

믿음의 시련은 내면의 저항과 외부의 반대입니다. 그런 믿음의 시련을 모두 극복해야 믿음의 상을 받고 크게 성장합니다. 믿음의 시련이 왔을 때 낙망하거나 포기하지 말고 인내하십시오.

텔레비전 보는 습관을 기도하는 습관으로 바꾸라

어떤 이는 내게 간절히 기도하지 말라고 했습니다.

그래도 나는 기도했습니다. 나는 20세에 성령을 체험하고 기도의 영에 사로잡혔습니다. 밤낮 교회에 가서 기도했습니다. 길을 걸으면서도 기도했습니다. 그렇게 기도해서 모두 응답받았습니다. 오늘도 5시간을 뚝 떼어 기도에 푹 빠졌습니다.

당신도 10분이든, 30분이든, 1시간이든, 시간을 뚝 떼어 기도에 푹 빠지십시오. 그러면 영이 강한 사람이 됩니다.

"시간을 뚝 떼어 기도에 푹 빠지라."

기도 안 하는 사람은 기도하는 사람이 이상하게 느껴집니다.

"왜 저렇게 하루 종일 기도만 하고 있지? 기도 안 해도 하나님이 알아서 다 주실 텐데. 무슨 기도할 내용이 저렇게 많아?"

어떤 사람은 기도를 '거룩한 낭비'라고 말합니다. 그러나 나는 다르게 말합니다. "기도는 거룩한 저축이고 영의 저축이다."

텔레비전 보는 습관을 기도하는 습관으로 바꾸십시오.

당신이 기도할 때 비웃거나 꾸짖는 사람이 있을 지도 모릅니다. 그래도 하나님 앞에서 계속 기도하십시오. 엘리 제사장은 한나가 아들을 달라고 통곡하며 기도하는 것을 보고 꾸짖었습니다.

"한나가 마음이 괴로워서 여호와께 기도하고 통곡하며 서원하여 이르되 만군의 여호와여 만일 주의 여종의 고통을 돌보시고 나를 기억하사 주의 여종을 잊지 아니하시고 주의 여종에게 아들을 주시면 내가 그의 평생에 그를 여호와께 드리고 삭도를 그의 머리에 대지 아니하겠나이다. 그가 여호와 앞에 오래 기도하는 동안에 엘리가 그의 입을 주목한즉 한나가 속으로 말하매 입술만 움직이고 음성은 들리지 아니하므로 엘리는 그가 취한 줄로 생각한지라. 엘리가 그에게 이르되 네가 언제까지 취하여 있겠느냐 포도주를 끊으라 하니 한나가 대답하여 이르되 내 주여 그렇지 아니하니이다 나는 마음이 슬픈 여자라 포도주나 독주를 마신 것이 아니요 여호와 앞에 내 심정을 통한 것뿐이오니 당신의 여종을 악한 여자로 여기지 마옵소서 내가 지금까지 말한 것은 나의 원통함과 격분됨이 많기 때문이니이다 하는지라. 엘리가 대답하여 이르되 평안히 가라 이스라엘의 하나님이 네가 기도하여 구한 것을 허락하시기를 원하노라 하니 이르되 당신의 여종이 당신께 은혜 입기를 원하나이다 하고 가서 먹고 얼굴에 다시는 근심 빛이 없더라."(삼상 1:10~18)

하루는 나이 드신 한 여자 전도사님이 내가 교회에서 한나처럼 간절히 기도하는 모습을 보며 "왜 그렇게 간절히 기도해? 그렇게 기도하지 마"라며 뒤에서 손바닥으로 내 등을 세게 쳤습니다. 그래도 나는 성령의 새 술에 취해 정신없이 기도했습니다.

나만 그렇게 기도한 것이 아니라 나를 만난 모든 사람들이 기도의 영에 사로 잡혀 그렇게 미친 듯이 기도했습니다. 내가 있었던 교회마다 기도의 바람이 불었습니다. 그러자 성령의 바람이 불고 치유의 바람이 불고 전도의 바람이 불고 형통의 바람이 덩달아 불었습니다. 나와 함께 기도한 사람들은 모두 응답받았습니다.

기도하지 않았던 사람들은 응답도 없었고 지금도 자기 힘으로 힘들게 살며 주위 사람에게 구걸하고 있습니다. 도울 힘이 없는 사람에게 구걸하지 말고 전능하신 하나님 아버지께 구해야 합니다. 예수님께서 자신의 명예를 걸고 말씀하셨습니다.

"내 이름으로 무엇이든지 내게 구하면 내가 행하리라."(요 14:14)

예수 이름으로 무엇이든 구하십시오. 그러면 다 받습니다.

"지금까지는 너희가 내 이름으로 아무 것도 구하지 아니하였으나 구하라. 그리하면 받으리니 너희 기쁨이 충만하리라."(요 16:24)

나는 기도 응답을 받으면 너무 기뻐 온 집안을 뛰어 다니며 춤을 춥니다. 오늘도 한 가지 기도가 응답되어 기뻐 뛰며 춤을 추었습니다. 내 인생은 날마다 기도 응답 받고 춤추는 인생입니다.

당신도 수준을 낮추지 말고 나처럼 이렇게 기도하십시오.

"주님, 저도 모든 기도에 응답 받기를 원합니다."

당신도 주의 영에 붙들린 사람이 되라

어떤 이는 내게 성령님을 부르지 말라고 했습니다.

그래도 나는 성령님을 불렀습니다. 성령님은 하나님이십니다.

"김열방 목사님은 왜 자꾸 성령님을 찾으세요? 성령님만 안 불렀으면 좋겠어요"라고 대놓고 말한 사람도 있습니다. 그러든지 말든지 나는 계속 성령님을 불렀습니다. 그 결과 성령님은 내 친구와 애인이 되어 주셨고 모든 일에 나의 도움이 되어 주셨습니다.

내게 있는 모든 것은 성령님으로부터 말미암은 것입니다.

나는 사람들에게 당당히 말했습니다. "내 인생에서 성령님을 빼면 아무것도 없습니다. 성령님은 나의 전부이십니다."

성령님은 아버지의 영이고 예수의 영이십니다. 지금은 성령의 시대입니다. 그러므로 자나 깨나 성령님을 불러야 합니다. 나는 하루 종일 성령님과 함께 숨 쉬고 먹고 마시고 생활합니다. 나는 성령님을 많이 사랑합니다. 성령님은 나의 전부이십니다.

성령님의 권능이 내 인생을 바꾸었습니다.

"오직 성령이 너희에게 임하시면 너희가 권능을 받고 예루살렘과 온 유대와 사마리아와 땅 끝까지 이르러 내 증인이 되리라 하시니라."(행 1:8)

당신도 수준을 낮추지 말고 이렇게 기도하십시오.

"주님, 저도 성령의 사람이 되기 원합니다."

당신도 성령의 은사를 받아서 사용하라

어떤 이는 내게 은사를 사모하지 말라고 했습니다.

그래도 나는 은사를 사모하고 구하고 받아서 사용했습니다.

성경은 "방언 말하기를 금하지 말라"(고전 14:39)고 했습니다. 내가 처음 방언을 받았을 때 한 사람이 와서 비난하며 말했습니다. "개도 개 방언을 한다. 왜 그렇게 무식하게 랄랄라 하느냐?"

내가 무식한 것이 아니라 영의 기도를 알지 못하는 그 사람이 무식한 것입니다. "네가 영으로 축복할 때에 무식한 처지에 있는 자가 네가 무슨 말을 하는지 알지 못하고 네 감사에 어찌 아멘 하리요"(고전 14:16)라고 말씀했기 때문입니다.

그렇게 비난했던 사람은 아직도 방언을 못 받았습니다. 그 주위에 있는 사람들도 다 못 받았습니다. 그들은 크게 후회하고 있습니다. "그때 김열방 옆에서 함께 기도하며 방언을 받을 걸."

방언을 우습게 여기지 마십시오. 우리 구주 예수님은 "믿는 자들에게 이런 표적이 따른다. 내 이름으로 방언을 말한다"고 하셨습니다. 오순절 마가 다락방에 성령이 임할 때 120문도가 모두 방언을 받았습니다. 그들은 성령이 말하게 하심을 따라 다른 방언으로 말하기 시작했습니다. 에베소 교인들도 방언을 받았습니다. 사도 바울은 "방언은 나 자신에게 덕을 세운다. 내가 너희 모든 사람보다 방언을 더 말하므로 하나님께 감사한다"(고전 14:18)고 말했습니다. 당신도 바울처럼 방언 기도를 많이 하십시오.

바울은 "내가 만일 방언으로 기도하면 내 영이 기도하는 것이다"라고 했습니다. 많은 사람들이 방언 기도를 알아듣지도 못하는 말을 반복하는 수준 낮은 기도라고 말합니다. 하지만 마음으로 기도하는 것보다 영으로 기도하는 것이 억만 배나 더 수준 높은 기도입니다. 사도 바울은 구체적인 기도 방법을 말했습니다.

"그러면 어떻게 할까? 내가 영으로 기도하고 또 마음으로 기도하며 내가 영으로 찬송하고 또 마음으로 찬송하리라."(고전 14:15)

이 구절을 자세히 보십시오. 영으로 기도하는 것이 마음으로 기도하는 것보다 우선입니다. 영으로 기도할 때 자신의 덕을 세우게 됩니다. 방언으로 기도하면 당신 안에 가득한 성령의 권능이 소용돌이치며 바깥으로 나타나기 시작합니다.

운동을 통해 몸을 강하게 하는 것도 중요하고 지식을 통해 마음을 강하게 하는 것도 중요하지만 방언을 말하므로 영을 강하게 하는 것은 더욱 중요합니다. 당신도 사도 바울처럼 방언을 많이 말하므로 당신의 영을 백배나 더 강하게 하십시오.

"나는 아직 방언을 못 받았어요. 하나님이 안 주시는 걸 보니 나와는 상관없는 것 같아요. 다른 은사나 잘 사용해야겠어요."

나도 많은 부분에 대해 없다고 포기하려고 했습니다.

"없는 것 때문에 스트레스 받지 말고 있는 것을 극대화시키자."

그러나 성령님은 다르게 말씀하셨습니다.

"아들아, 포기하지 마라. 지금 네가 가진 것은 원래 없었던 것인데 모두 구해서 받지 않았느냐? 마찬가지로 아직 네게 나타나지 않은 것들에 대해서도 포기하지 말고 받을 때까지 구하고 찾고 두드려라. 그러면 반드시 받게 된다. 다들 그렇게 받았다."

나는 깜짝 놀랐습니다. 아무리 사모하며 구해도 안 되는 것들에 대해 포기하려고 했는데 주님은 포기하지 말라고 하셨습니다.

"예수께서 그들에게 항상 기도하고 낙심하지 말아야 할 것을 비유로 말씀하여……."(눅 18:1)

나는 구하고 또 구하고 또 구했습니다. 결국 다 받았습니다.

지금 내가 가진 성령의 은사 21가지는 모두 간절히 사모하고 구해서 받은 것입니다. 그래서 내게는 너무나 소중합니다.

"우리가 선을 행하되 낙심하지 말지니 포기하지 아니하면 때가 이르매 거두리라."(갈 6:9)

어제 만난 한 목사님이 내게 이렇게 말했습니다.

"저는 아무리 하나님께 기도하고 구해도 어떤 부분은 응답이 안 돼요. 하나님은 모든 사람에게 기도 응답을 주시는 것은 아닌 것 같아요. 포기하고 인간적인 방법을 찾아야 할 것 같아요."

나는 그분에게 "절대로 포기하지 마세요. 응답 받을 때까지 낙망하지 말고 계속 기도하세요. 그러면 반드시 받습니다. 하나님은 목사님의 기도를 다 듣고 계십니다"라고 권했습니다. 그리고 내가 암송하고 있는 요한복음 14장 14절을 들려주었습니다.

"내 이름으로 무엇이든지 내게 구하면 내가 행하리라."(요 14:14)

성령의 은사는 '성령의 나타남'입니다. 이것은 한두 번 구한 다음에 안 된다고 포기하고 뒤로 물러서야 하는 문제가 아닙니다.

성령의 은사는 목숨을 걸고라도 구해서 받아야 하는 귀한 것입니다. 결코 하찮은 것이 아닙니다. 성령의 나타남이 없이 인간의 머리에서 고안해 낸 온갖 프로그램으로 교회를 세우는 것은 인본주의 교회입니다. 성령으로 시작했다가 육체로 마치는 교회가 되면 안 됩니다. 성령으로 시작해서 성령으로 끝나야 합니다.

당신도 나처럼 이렇게 기도하십시오.

"주님, 저도 성령의 나타남을 받기 원합니다."

당신도 튼튼한 차를 몰고 다녀라

당신은 어떤 차를 타고 있습니까?

나는 하나님께 튼튼한 차를 구했고 그 차를 받았습니다.

내가 모는 차도 당신의 차처럼 똑같이 바퀴가 네 개 달려 있습니다. 만약 바퀴 하나가 없다면 어떻게 될까요? 인생이란 자동차도 바퀴가 네 개 다 완벽하게 달려 있어야 합니다. 이것은 예수님이 말씀하신 '이 땅에 임한 하나님의 나라'를 말합니다.

"그러나 내가 하나님의 성령을 힘입어 귀신을 쫓아내는 것이면 하나님의 나라가 이미 너희에게 임하였느니라."(마 12:28)

어떤 이는 내게 이 땅에 임한 하나님 나라를 전하지 말고 죽어서 천국 가는 것만 전하라고 했습니다. 그래도 나는 예수님처럼 "이 땅에 하나님의 나라 곧 천국이 임했다"고 전했습니다.

"예수를 구주로 믿고 죽어서 천국에 가는 것으로 만족해야지, 왜 이 땅에서 의롭고 성령 충만하고 건강하고 부요하고 지혜로워야 한다고 가르치느냐? 이 땅에서는 죄짓고 목마르고 병들고 가난하고 어리석게 사는 것이 미덕이다. 매일 울며 슬픈 모습으로 살아야지 항상 기뻐하며 쉬지 않고 기도하고 모든 일에 감사하며 산다는 것은 절대로 불가능하다. 그렇게 사는 건 가식적인 연기에 불과하다. 어떻게 사람이 그렇게 행복할 수 있느냐?"

그 사람이 그렇게 말하든 말든 나는 온전한 복음을 믿고 누리고 전했습니다. 그렇게 부정적으로 말하는 사람도 자동차를 타고 다녔는데 모든 자동차는 바퀴가 네 개 다 있어야 잘 달립니다.

바퀴가 하나라도 펑크 나면 자동차는 제대로 달리지 못합니다.

우리 인생에도 의와 성령 충만, 건강과 부요함이라는 네 개의 바퀴가 다 있어야 잘 달립니다. 하나라도 펑크 나면 못 달립니다. 그리고 운전하는 사람은 지혜가 있어야 합니다. 이렇게 다섯 가지를 모두 갖추어야 전인적인 풍성한 길을 달릴 수 있습니다.

예수님은 "너희는 세상의 빛이다"라고 하셨지 "천국의 빛이다"

라고 하지 않으셨습니다. 그런데 수많은 그리스도인들이 천국에 가면 빛을 발할 것이라고 생각합니다. 타이어가 펑크 나면 도로에서 빛이 될 수 없고 짐만 될 뿐입니다. 견인차가 와서 끌고 가야하며 정비소에서 수리할 때까지 세워 두어야 합니다. 앞에 있는 두 개의 타이어가 '의와 성령 충만'이고 뒤에 있는 두 개의 타이어가 '건강과 부요함'입니다. 당신은 어떤 타이어가 펑크 났습니까? 신앙생활은 균형과 조화가 필요합니다. 타이어가 펑크 나면 균형과 조화가 깨지고 좌로나 우로 치우치게 됩니다. 그러므로 부분적인 복음이 아닌 온전한 복음을 믿고 전해야 합니다.

"나는 예수님이 십자가에서 다 이루었다는 온전한 복음을 믿고 전한다. 그분이 죄와 목마름, 병과 가난, 어리석음을 다 짊어지고 십자가에서 피와 땀과 눈물을 쏟으며 값을 지불하셨으므로 내가 의와 성령 충만, 건강과 부요함, 지혜를 누리는 것이 당연하다."

사람들은 나를 보고 이러한 다섯 가지를 다 가졌다고 부러워합니다. 그렇습니다. 나는 다섯 가지를 다 가졌습니다. 하지만 내가 값을 지불한 것은 하나도 없습니다. 예수님이 십자가에서 피와 땀과 눈물을 흘리며 값을 다 지불하셨습니다. 나는 단지 그것을 깨닫고 믿었을 뿐입니다. 내가 책과 강연으로 전하는 '예수 그리스도 온전한 복음'을 받아들인 사람도 다들 나처럼 행복합니다.

당신도 멋진 차를 구하고 받으십시오. 그리고 인생이란 자동차도 네 개의 바퀴가 다 달린 멋진 자동차의 인생을 사십시오.

당신도 나처럼 이렇게 기도하십시오.

"주님, 저도 전인적인 행복을 받아 누리기 원합니다."

당신도 책 쓰기로 전도하고 선교하라

어떤 이는 내게 책을 쓰지 말라고 했습니다.

그 사람은 내게 책을 쓰면 안 되는 부정적인 이유를 말했습니다. 그래도 나는 29세에 만사를 제쳐 두고 책부터 썼습니다. 그러자 상상할 수 없는 엄청난 복과 기적이 날마다 쏟아졌습니다.

"왜 그렇게 책을 쓰니? 책을 쓴다고 밥이 나와? 떡이 나와?"

그러나 나는 책을 쓰므로 내가 원하는 많은 것들을 얻었습니다. 가장 중대한 것은 전에는 내가 직접 다니며 전도하고 선교했는데 이제는 내 책이 내 대신 전도하고 선교한다는 것입니다.

내 몸은 하나인데 가야 할 곳은 많았습니다.

하루 종일 전도하고 강연하면 몸이 녹초가 되었습니다.

그리고 사람들은 내가 전한 메시지를 듣고도 며칠 지나면 다 잊어버리고 다른 말을 했습니다. 나는 어떻게 하면 가장 강력하고 효율적으로 복음을 전할 수 있을까 고민했는데 그 답은 곧 책을 써내는 것이었습니다. 내가 책을 써내자 그 책을 읽은 사람들은 내가 쓴 책의 내용에 열광했고 내 책의 마니아가 되었습니다.

지금 나는 유명세나 **빽빽한** 스케줄과 상관없이 혼자 조용히 지냅니다. 하지만 내 책은 나의 분신이 되어 전국과 세계를 다니며 전도하고 선교합니다. 나는 사람들에게 책을 쓰라고 권합니다.

"책은 박사 학위 100개보다 낫고 가문의 영광입니다. 책은 나의 분신이 되어 내 대신 전국과 세계를 다니며 전도하고 선교하고 상담하고 가르치고 제자 삼고 수많은 인생을 바꿉니다. 책을 한 권 써내는 것은 내 대신 목숨 걸고 복음을 전하는 선교사 수천 명을 파송하는 것과 같습니다. 만사를 제쳐 두고 책을 쓰세요."

당신도 책을 쓰십시오. 지금 당장 010.2035.8865로 문자를 보내 '김열방의 책쓰기학교'에 등록하십시오. 책이라는 분신을 만들어 책 전도와 책 선교, 책 심방과 책 상담, 책 양육을 하십시오.
하나님도 수천 년 동안 책을 통해 일하고 계십니다.

"책에 써서 후세에 영원히 있게 하라."(사 30:8)

당신도 수준을 낮추지 말고 이렇게 기도하십시오.
"주님, 저도 복음적인 책을 써내기를 원합니다."

당신도 담대하게 복음을 전하라

어떤 이는 내게 복음을 전하지 말라고 했습니다.
그 사람은 내게 복음을 전하면 안 되는 부정적인 이유를 말했습니다. 그래도 나는 입을 열어 담대하게 예수님이 십자가에서 피와 땀과 눈물을 흘리며 다 이룬 온전한 복음을 전했습니다.
하루는 내 설교를 들은 한 청년이 벌떡 일어나 말했습니다.
"다른 종교도 많은데 꼭 예수를 믿어야 구원을 받나요?"
다른 몇몇 청년들도 이렇게 말했습니다.
"왜 꼭 의인으로 정결한 삶을 살아야 하나요? 왜 꼭 성령님과 교제하며 그분의 인도를 받으며 살아야 하나요? 왜 꼭 병 고침 받고 건강한 삶을 살아야 하나요? 왜 꼭 가난에서 벗어나 부요한 삶을 살아야 하나요? 왜 꼭 어리석음에서 벗어나 지혜로운 삶을 살아야 하나요? 왜 죄 짓고 목마르고 병들고 가난하면 안 되나요?"

또 다른 이는 '믿음과 은혜'에 대해 강하게 반발했습니다.

"온갖 율법적인 종교 행위를 더 많이 해도 부족한데, 믿기만 하면 된다니 말도 안 돼요. 믿기만 하면 꿈과 소원이 다 이루어지고 기도하는 것마다 다 이루어진다고요? 말도 안 돼요. 예수님의 은혜로 모든 것을 받아 누린다고요? 그런 말씀은 전하지 마세요."

그 사람이 듣든 말든, 나는 계속 복음을 전했습니다.

그러자 그런 사람들이 한 명씩 회개하고 변화되었습니다.

오순절에 성령을 받은 베드로가 설교할 때 유대인들이 그런 설교를 하지 말라고 말렸습니다. 그래도 베드로는 설교했습니다.

"이것이 민간에 더 퍼지지 못하게 그들을 위협하여 이 후에는 이 이름으로 아무에게도 말하지 말게 하자 하고 그들을 불러 경고하여 도무지 예수의 이름으로 말하지도 말고 가르치지도 말라 하니 베드로와 요한이 대답하여 이르되 하나님 앞에서 너희의 말을 듣는 것이 하나님의 말씀을 듣는 것보다 옳은가 판단하라. 우리는 보고 들은 것을 말하지 아니할 수 없다 하니……"(행 4:17~20)

당신도 나처럼 이렇게 기도하십시오.

"주님, 저도 입을 열어 담대히 복음을 전하기를 원합니다."

꿈에 대한 비용은 주님이 지불하신다

어떤 이는 내게 큰 꿈을 갖지 말라고 했습니다.

그 사람은 내게 큰 꿈을 가지면 안 되는 부정적인 이유를 말했습니다. "큰 꿈을 꾸면 그 꿈을 이루는데 너무 많은 시간과 비용을 지불해야 하니 힘들다, 그만 하고 포기하라"고 했습니다.

그래도 나는 담대하게 큰 꿈을 꾸었고 성령 안에서 시간과 공간을 초월해 그 꿈이 이루어졌다고 믿었습니다.

그 결과 많은 꿈들이 내가 생각한 것보다 더 크고 멋지게 이루어졌고 지금은 아주 큰 꿈 몇 가지만 남았습니다. 100세 시대니까 그동안 남은 모든 꿈도 기적적으로 이루어질 것입니다.

하나님은 내게 분명히 말씀하셨습니다.

"사랑하는 아들아, 겁먹지 말고 아주 큰 꿈을 가져라. 네가 아무리 큰 꿈을 꾸더라도 내게는 그것을 이루어 줄 능력이 있다. 내게는 능치 못할 것이 없다. 꿈에 대한 모든 비용은 아무리 많이 들더라도 걱정 말고 부담 갖지 마라. 그 비용을 내가 다 지불할 것이다. 사람들이 불가능하다고 말해도 믿지 마라. 오직 나만 믿어라. 네가 믿으면 하나님의 영광을 보리라."

그렇습니다. 믿으면 성령님이 하십니다.

내게는 10년, 20년이 지나도 안 되었던 불가능한 꿈들이 어느 날 하루 만에 이루어진 것이 많습니다. 하나님은 살아 계십니다.

하나님이 낙심한 당신에게 지금 말씀하십니다.

"내가 하루 만에 줄게. 나를 믿어라."

그렇습니다. 기도하고 구한 것을 받았다고 믿으십시오.

때가 되면 하나님이 하루 만에 주십니다. "내 꿈은 죽었어. 아무리 생각해도 방법도 없고 희망도 없어"라고 말하지 마십시오. 한 번 믿었으면 끝까지 믿으십시오. 죽을 때까지 믿으십시오.

성령 안에서 큰 꿈을 꾸었으면, 성령 안에서 시간과 공간을 초월해 이미 받았다고 믿고 하나님께 맡기십시오. 그러면 어느 날 하루 만에 기적이 일어납니다. 믿으면 하나님의 영광을 봅니다.

"예수께서 이르시되 내 말이 네가 믿으면 하나님의 영광을 보리라 하지 아니하였느냐?"(요 11:40)

하나님이 한 청년에게 말씀하셨습니다.

"네가 나를 믿으면 세계에서 가장 큰 교회를 허락하겠다. 52일 만에 가장 큰 예배당 건축을 시작하고 완공하게 해주겠다."

그는 인도에서 1만 평이 넘는 땅을 매입해서 3만 명이 한 번에 예배할 수 있는 교회를 지었습니다. 그는 갈보리템플교회를 세운 사티쉬 쿠마르 목사님인데 현재 교인 수가 18만 명이나 됩니다.

그는 개척하기까지 10년이나 걸렸습니다. 또한 카페에서 커피 한 잔 사 마실 돈도 없을 정도로 가난했지만 교회를 개척하기도 전에 큰 예배당을 지을 아주 넓은 땅을 보러 다녔고 주인을 만나 가격 협상을 하곤 했습니다. 그가 하나님을 믿으니 하나님의 영광이 목회 사역에 강하게 나타나기 시작했습니다. 2005년에 25명으로 개척한 교회가 2012년에는 5만 명이나 된 것입니다.

그때 그는 하나님께 이렇게 말씀드렸습니다.

"주님. 이제는 땅을 살 때입니다."

그는 폭우가 쏟아지는데 교인들과 함께 성전 건축을 위해 기도하기 시작했습니다. 건물이 없었기 때문에 비를 그대로 맞아 가며 40일간 수천 명이 모여 기도했습니다. 그 기간 동안 그는 느헤미야서를 읽고 묵상하며 교인들에게 설교했습니다. "느헤미야는 40일씩 3번, 모두 120일간 기도했습니다. 우리도 1차 40일을 기도하고 또 40일, 또 40일을 해서 총 120일간 작정 기도합시다."

그렇게 다 했는데 아무 일도 일어나지 않았습니다.

그는 당황했고 더 이상 무엇을 해야 할지 몰랐습니다.

그때 순간 마음에 이런 생각이 들었습니다.

'이제는 하나님의 음성을 들어야겠다.'

그리고 조용히 하나님의 음성을 기다렸습니다.

어느 화창한 아침에 기도하는데 하나님이 말씀하셨습니다.

"느헤미야는 52일 만에 예루살렘 성벽을 재건했다. 네가 나를 믿으면 52일 만에 세계에서 가장 큰 교회 중 하나를 완공하리라."

그는 너무 놀라 이렇게 대답했습니다.

"하나님, 모든 성도들이 한번에 예배할 수 있는, 모든 시설이 갖추어진 건물을 52일 만에 짓는 것은 불가능합니다."

주님께서 그에게 말씀하셨습니다.

"네가 믿으면 그 불가능을 내가 가능케 하리라."

그리고 정확하게 52일 만에 성전 건축이 완공되었습니다.

교회를 개척한 지 10년 만에 10만 명이 넘었고 그들이 주일마다 하나님께 경배하기 위해 예배당에 모이고 있습니다.

그는 하나님께 기도하고 그분의 음성에 귀 기울이라고 합니다.

"하나님께 말하며 오래 기도하는 것보다 더 중요한 것은 하나님의 음성을 듣는 것입니다. 지금까지의 모든 것은 하나님의 음성을 듣고 순종했기 때문에 생긴 결과였습니다. 하나님은 성경을 통해 말씀하십니다. 창세기 1장 1절에 '태초에 하나님이 천지를 창조하셨다'고 했습니다. 창조는 하나님이 하시는 것입니다. 모든 위대한 일은 창조주 하나님이 시작하셨고 마치셨습니다."

지금까지 일어난 세계적인 부흥과 교회 성장은 모두 하나님이 하신 일입니다. 당신도 믿음으로 기도하면 응답이 옵니다.

위로부터 오는 능력으로 압혀질 때까지 기도하라

당신은 능력이 나타날 때까지 기도한 적이 있습니까?

〈급하고 강한 바람처럼〉의 저자이자 선교사인 멜 태리(Mel Tari)는 예수를 구주로 믿고 난 이후에 배에서 솟아나는 샘물이 있어 자기 인생이 행복하긴 하지만 "더 큰 생수의 강이 흐르는 체험을 하고 싶다"는 소원을 품고 6개월간 간절히 기도했습니다.

그 기도가 응답되어 어느 날 그의 교회에 위로부터 오는 능력이 임하기 시작했습니다. 장로교 전통적인 기도 모임인데 "휙휙" 하며 급하고 강한 바람이 불기 시작했고 불의 혀 같은 성령이 각 사람에게 임했던 것입니다. 그 순간 그 자리에 모인 200명의 성도들이 다들 방언을 말하고 일어나 전도자가 되었습니다.

나도 그랬습니다. 30대에 지방의 한 교회를 섬기면서 성령의 바람이 불기를 위해 한 달간 기도했는데, 어느 날 갑자기 그 교회에 급하고 강한 바람이 불기 시작했고 교회 마당에 걸어 들어오던 사람까지 성령에 사로 잡혀 고꾸라지며 회개하고 입에서 방언이 터져 나왔습니다. 성도들이 다들 성령을 체험하고 회개하고 방언을 받고 뜨거운 기도의 불이 붙었습니다. 기도하는 중에 큰 무당 귀신이 정체를 드러내며 큰소리를 지르며 쫓겨 나갔습니다.

위로부터 능력으로 입혀질 때까지 매일 간절히 기도하십시오.

"볼지어다. 내가 내 아버지께서 약속하신 것을 너희에게 보내리니 너희는 위로부터 능력으로 입혀질 때까지 이 성에 머물라 하시니라."(눅 24:49)

그러면 어느 날 갑자기 성령의 큰 바람이 불기 시작하고 당신에게서 능력이 나타나기 시작하고 도저히 불가능해 보이던 당신의 모든 꿈이 홀연히 하루 만에 다 이루어질 것입니다.

항상 기도하고 낙심하지 마십시오. 반드시 응답됩니다.

"항상 기도하고 낙심하지 말아야 한다."(눅 18:1)

당신도 집을 사고 그곳에서 매일 기도하라

어떤 이는 내게 집을 사지 말라고 했습니다.

그래도 나는 하나님께 넓은 집을 달라고 기도했고 응답받았습니다. 그리고 어느 날 홀연히 성령님의 인도하심을 따라 움직이며 넓은 집을 샀습니다. 나는 지금 내가 사는 집이 정말 좋습니다. 이 집에서 매일 성경 읽고 기도하며 주님을 구합니다.

　"나의 주 하나님, 영원히 주님을 사랑하고 경외합니다."

　하나님께서 이스라엘 백성들에게 "네가 채우지 아니한 아름다운 물건이 가득한 집을 얻게 하시며 네가 파지 아니한 우물을 차지하게 하시며 네가 심지 아니한 포도원과 감람나무를 차지하게 하사 네게 배불리 먹게 하실 것이다"(신 6:11)라고 하신 그 약속이 내게도 이루어진 것입니다. 당신도 집을 사겠다는 마음을 가지고 기도하면 반드시 이루어질 것입니다. 1년, 2년, 5년, 10년, 20년, 더디다고 절대로 낙심하거나 포기하지 말고 30년이 걸리더라도 끝까지 믿으십시오. 그러면 어느 날 하루 만에 사게 됩니다.

　하나님이 당신에게 "네가 채우지 아니한 아름다운 물건이 가득한 집을 얻게 하시며"라고 약속하셨다 할지라도 그런 집을 사겠다는 마음조차 없다면 어떻게 그 말씀이 이루어지겠습니까? 이스라엘 백성들은 하나님이 약속하신 가나안 땅에 들어가 칼을 들고 싸워 그곳 거민들을 몰아내고 점령했습니다. 지금은 칼을 든 '총칼 전쟁'이 아닌 '경제 전쟁'이므로 거래를 해야 합니다.

　하나님 나라의 법칙은 '주고받는 기부 법칙'만 있지 않습니다. '사고파는 거래 법칙'도 있습니다. 둘 다 소중합니다.

　"어떤 귀인이 왕위를 받아 가지고 오려고 먼 나라로 갈 때에 그 종

열을 불러 은화 열 므나를 주며 이르되 '내가 돌아올 때까지 장사하라' 하니라."(눅 19:12~13)

"내가 돌아올 때까지 구걸하라"고 하지 않았습니다.

"내가 돌아올 때까지 장사하라"고 명령했습니다.

달란트 비유도 마찬가지입니다. 금 한 달란트는 15억 정도입니다. 한 종이 다섯 달란트 곧 75억으로 장사하여 150억을 만들었고 또 한 종은 두 달란트 곧 30억으로 장사하여 60억을 만들었습니다. 한 달란트는 서울의 아파트 한 채를 살 수 있는 돈입니다.

'구걸 마인드'를 버리고 '거래 마인드'를 가져야 합니다.

물론 익명의 독지가가 나타나 당신에게 집을 공짜로 줄 수도 있겠지만 그것이 과연 당신이 정말로 원하는 좋은 집일까요? 하나님은 당신에게 자유의지와 선택할 수 있는 특권을 주셨습니다. 당신이 살고 싶은 집은 당신이 직접 돌아다니며 알아봐야 합니다.

구체적으로 어떤 집에서 살고 싶은지, 몇 평의 아파트를 사고 싶은지 꿈과 소원 목록에 적고 그것을 정확하게 구해야 합니다.

하나님은 막연한 하나님이 아닌 구체적인 하나님입니다.

예수님도 "이 산을 들어 바다에 던지우라"고 말하면 그대로 된다고 하셨습니다. 막연한 어떤 산이 아닙니다. 동서남북에 보이는 아무 산이 아닙니다. 당신이 원하는 구체적인 산입니다. 당신이 원하는 '이 산'은 어떤 산입니까? 그 산을 향해 예수 이름으로 구하고 명령해야 합니다. 이 말씀을 중얼거리며 암송하십시오.

"내가 진실로 너희에게 이르노니 누구든지 이 산더러 들리어 바다에 던져지라 하며 그 말하는 것이 이루어질 줄 믿고 마음에 의심하지 아니하면 그대로 되리라."(막 11:23)

나는 자녀가 네 명이기 때문에 방 다섯 칸짜리 집이 필요했습니다. 내가 원하는 '이 산'은 '방 다섯 칸짜리 집'이었습니다.

나는 실천했습니다. 첫째, 그것을 꿈과 소원 목록에 적었고 둘째, 그것을 예수 이름으로 구했고 셋째, 구한 그것은 받았다고 믿었고 넷째, 그것을 향해 나타나고 내게 들어오라고 명령했습니다.

부동산 사장들은 하나같이 "그런 넓은 집은 잠실에 없다"고 말했습니다. 한 사장님은 내 등을 향해 "방 다섯 칸짜리 집이 어디 있다고, 그 놈의 방 다섯 칸짜리 집" 하며 저주까지 했습니다.

그러나 하나님은 없는 것을 있는 것처럼 불러내시는 분이시므로 결국 내가 구한 방 다섯 칸짜리 넓은 집을 기적적으로 사게 하셨습니다. 그때 나는 50원짜리 동전 하나를 주머니에 넣고 다니며 방 다섯 칸짜리 넓은 집을 사겠다고 부동산을 돌아다녔습니다.

그러자 결국 황당한 꿈이 황홀한 현실이 되었습니다.

당신도 집을 사겠다는 꿈을 가지십시오.

"꼭 집이 있어야 하나요? 월세나 전세로 살면 안 되나요?"

그래도 됩니다. 하지만 월세나 전세로 10년간 살았다면 이제는 집 주인이 되겠다는 꿈을 가져야 하지 않겠습니까? 집 주인이 되어야 자산 가치가 오를 때 미래에 대한 희망이 있습니다. 10년, 20년이 지나면 땅값이 오르고 집값이 뛰지만 월세나 전세로 사는 사람은 아무 상관이 없습니다. 월세 내는 위치에서 월세 받는 위치로, 전세 내는 위치에서 전세 받는 위치로 옮기겠다는 소원을 가지십시오. 그리고 예수 이름으로 구하면 그대로 응답이 됩니다.

돈이 없다고요? 제발 없다는 말을 하지 마십시오. 나도 없었지만 하나님께 구했고 받았습니다. 하나님은 없는 것을 있는 것처럼 부르시는 분입니다. 지금 당신도 빈손일지라도 무엇이든지 하나님께 구하면 넘치게 주십니다. 예수님은 "내 이름으로 무엇이든지 내게 구하면 내가 행하리라"(요 14:14)고 말씀하셨습니다.

여기서 "무엇이든지"는 정말 말 그대로 무엇이든지 입니다.

예수 이름으로 무엇이든지 구하십시오.

당신도 나처럼 이렇게 기도하십시오.

"주님, 저도 하나님이 주시는 좋은 집에서 살기 원합니다."

당신도 다윗처럼 저축하는 습관을 가지라

어떤 이는 내게 저축하지 말라고 했습니다.

그래도 나는 성경 말씀대로 순종하며 저축했습니다.

당신은 미래를 위해 매달 조금씩이라도 저축하고 있습니까?

다 써도 모자란다고요? 그것이 당신의 믿음이기 때문에 그런 것입니다. 그 말은 곧 하나님이 항상 모자라게 주신다는 말과 같습니다. 사실은 그렇지 않습니다. 하나님은 항상 넘치게 주시는 부요하신 분입니다. 그런데 문제는 당신이 들어오는 돈을 항상 다 쓴다는 것입니다. "다 써도 모자라"라는 믿음에서 "조금만 써도 남아"라는 믿음으로 바꾸십시오. 부요 믿음을 가지십시오.

당신의 미래를 부모나 자녀가 준비해 주기를 바라지 마십시오. 그러면 행복하지 못하고 나중엔 원망과 불평이 터져 나오게 됩니다. 당신의 미래는 당신이 직접 준비해야 합니다. 당신이 만약 목회자라면 당신의 미래를 교회가 준비해 주기를 바라지 마십시오. 당신이 직접 준비해야 합니다. 그래야 노년에 은퇴할 때 서로 간에 원망이나 다툼이 없습니다. 모든 일에 자급자족하십시오.

"자족하는 마음이 있으면 경건은 큰 이익이 되느니라."(딤전 6:6)

나는 미래를 위해 수입의 오분의 일을 저축했습니다.

모든 수입을 '영미현 꿈결' 다섯 개의 곳간으로 나누어 관리했습니다. 수입의 오분의 일을 '영원'을 위해 헌금으로 드리고 또 다른 오분의 일을 '미래'를 위해 저축한 것입니다. 그리고 남는 오분의 삼으로 생활했습니다. 그 중에서도 오분의 일은 '현재'의 생활비로, 또 오분의 일은 '꿈'을 위해, 또 오분의 일은 '결제'를 위해 따로 관리했습니다. 그러자 재정 관리에 있어 균형과 조화를 이루었고 몇 달 후에는 마음이 안정되고 몇 년 후에는 생활이 안정되었습니다. 하나님은 내가 준비한 다섯 개의 그릇을 모두 채워주셨습니다. 당신은 어떻습니까? 하나님은 넘치게 주기를 원하시는데 왜 그릇을 하나만 준비합니까? 선지자가 한 제자의 아내에게 한 말을 기억하십시오. "그릇을 많이 준비하라."

"이르되 너는 밖에 나가서 모든 이웃에게 그릇을 빌리라.

빈 그릇을 빌리되 조금 빌리지 말고."(왕하 4:3)

당신도 그릇을 많이 준비하십시오. 그러면 하나님이 그 그릇을 다 채우십니다. 하나님이 아무리 많은 복을 주셔도 담을 그릇이 없으면 남에게로 흘러갑니다. 하나님께서 요셉에게 많은 복을 주셨지만 그가 노예였기 때문에 모든 복은 보디발에게 흘러갔습니다. 하나님이 야곱에게 복을 많이 주셨지만 그가 직원이었기 때문에 모든 복은 라반에게 흘러갔습니다. 당신은 어떻습니까?

요셉은 수입의 오분의 일을 저축하는 습관을 가졌고 야곱도 곳간을 만들어 희귀한 양들을 저장했습니다. 그 결과 야곱은 6년 만에 거부가 되었습니다. 다윗도 금 10만 달란트를 저축했습니다.

"저축하는 것은 하나님이 싫어하시는 것이 아닌가요?"

아닙니다. 하나님의 속성 중에 하나가 '저장하는 것'입니다.

하나님은 종류별로 곳간을 만들고 저장하셨습니다. 눈은 눈 곳간에, 비는 비 곳간에, 물고기는 물고기 곳간에 저장하셨습니다.

하나님은 노아에게 "저축하라"(창 6:21)고 지시하셨습니다.

노아는 하나님이 지시한 대로 다 준행하였습니다.

하나님은 "내일 일을 염려하지 말라"고 하셨지 "내일 일을 준비하지 말라"고 하지 않으셨습니다. 성경 인물들은 다들 하나님과 함께 미래를 준비했습니다. 하나님의 마음에 합한 왕이라 불렸던 다윗은 환난 중에 금 10만 달란트(약 150조 원)를 준비했습니다.

"내가 환난 중에 여호와의 성전을 위하여 금 십만 달란트와 은 백만 달란트와 놋과 철을 그 무게를 달 수 없을 만큼 심히 많이 준비하

였고 또 재목과 돌을 준비하였으나 너는 더할 것이며."(대상 22:14)

솔로몬도 "게으른 자여, 개미에게로 가서 배우라. 그는 열심히 일하고 꾸준히 저축한다"고 지혜를 가르쳤습니다. 당신도 개미처럼 열심히 일해서 돈을 벌고 습관을 따라 꾸준히 저축하십시오.

여름이 지나면 겨울이 옵니다. 그때를 준비해야 합니다.

오늘부터 수입의 오분의 일을 저축하십시오. 그러면 하나님이 집이나 땅을 살 수 있는 기회를 주실 때 그것이 지렛대가 됩니다.

준비하지 않은 사람은 아무리 기회가 와도 얻지 못합니다.

"왜 내가 준비하지 않았던가?"라고 땅을 치며 통곡할 날이 오지 않도록 지금부터 미래를 준비하십시오. 준비할 때 주위 사람들에게 말하지 말고 조용히 준비하십시오. 그래야 성공합니다.

10년, 20년은 금방 지나갑니다. 준비한 사람만 성공합니다.

예수님이 재림하실 때도 등불에 기름을 준비한 처녀만 혼인 잔치에 들어갔습니다. 기름이든, 의복이든 준비하지 않은 사람은 잔치에 들어갈 수 없습니다. 바깥 어두운 곳에 쫓겨나 슬피 울며 이를 갈 일이 있을 것입니다. 성령님은 준비시키는 영입니다. 성령님과 함께 미래를 준비하십시오. 당신의 때가 올 것입니다.

당신도 나처럼 이렇게 기도하십시오.

"주님, 저도 수입의 오분의 일을 저축하기 원합니다."

당신도 자녀를 많이 낳아 키워라

어떤 이는 내게 아이를 많이 낳지 말라고 했습니다.

그래도 나는 하나님의 말씀에 따라 아이를 많이 낳았습니다.

나는 아들 둘, 딸 둘, 네 명의 자녀를 낳아 키웠습니다.

넷째 아이를 낳아 주민센터에 출생 신고를 하러 갔는데 서류에 아이 이름을 적을 칸이 없었습니다. 3명까지 적을 칸만 있었던 것입니다. 내가 밑에 한 칸을 더 그려 넣고 넷째 아이 이름을 적어 내니까 직원이 짜증스레 말했습니다.

"왜 이렇게 아이를 많이 낳았어요?"

그 아이가 벌써 21세가 되었습니다. 20년이 지난 지금은 출산 장려 운동을 벌이고 있습니다. 나는 사람들의 말이 아닌 하나님의 말씀을 듣고 자녀를 많이 낳았습니다. 옛날에는 "아들 딸 구별 말고 둘만 낳아 잘 키우자." "잘 키운 딸 하나 열 아들 안 부럽다"는 산아제한 운동을 했습니다. 그 결과 한국 인구가 급격히 줄었고 수많은 초등학교가 문을 닫았습니다. 자녀를 안 낳고 애견을 자기 아들딸처럼 키우는 사람도 많아졌습니다. 자녀를 안 낳으면 그 나라의 미래, 그 가문의 미래가 없습니다. 당신은 어떻습니까?

하나님을 경외하는 당신이 자녀를 많이 낳아 키워야 합니다.

"누가 먹여 살리나요? 분유 값은요? 유치원 등록비는요? 아이 한 명 낳아 대학교 졸업시키는데 돈이 얼마나 많이 드는데요."

하나님이 채우십니다. 하나님은 모든 것을 넘치게 채우시는 분입니다. 잉여분까지 채우십니다. 모든 그릇이 다 넘치고도 남을 만큼 많이 채우시는 분입니다. 그릇이 한 개든, 열 개든, 백 개든, 다 채우십니다. 나는 그런 하나님을 믿었고 그분이 진짜로 모든 것을 넘치게 채워 주셨습니다. 나는 네 명의 자녀 때문에 얻은 것이 많습니다. 하나님은 그들을 통해 내게 복을 더하셨습니다.

"보라, 자식들은 여호와의 기업이요 태의 열매는 그의 상급이로다. 젊은 자의 자식은 장사의 수중의 화살 같으니 이것이 그의 화살통에 가득한 자는 복되도다."(시 127:3~5)

하나님의 기업인 자녀를 최대한 많이 낳는 것이 큰 복입니다.
당신도 나처럼 이렇게 기도하십시오.
"주님, 저도 자녀를 많이 낳기를 원합니다."

당신도 변함없이 하나님을 경외하라

어떤 이는 내게 하나님을 경외하지 말라고 했습니다.
그래도 나는 변함없이 나의 하나님을 경외했습니다.
하나님을 경외하는 것은 막연하지 않고 구체적입니다. 무엇일까요? 바로 그분을 믿고 순종하며 십계명을 지키는 것입니다.
최근에 많은 사람들이 "십계명은 폐했다. 지킬 필요가 없다"고 말합니다. 결코 그렇지 않습니다. 얼마 전에도 유명한 가수와 연예인이 십계명을 어기므로 온 세상의 비난을 받았습니다. 장난삼아 여자를 사귀고 성관계를 한 후에 동영상을 유포한 것입니다. 그 일로 인해 연관된 주식에서 8000억의 자금이 빠져나갔습니다.
성적인 죄를 멀리 해야 합니다. 술도 인생을 망칩니다. 성경은

"술 취하지 말라"고 했습니다. 술은 보지도 말아야 합니다.

"너는 삼가 포도주와 독주를 마시지 말며
어떤 부정한 것도 먹지 말지니라."(삿 13:4)

하나님의 자녀는 오직 성령의 새 술에 취해야 합니다.

십계명은 구원 받기 위해 지키는 것이 아닙니다. 구원 받은 은혜에 감사해서 지키는 것입니다. 세상 죄를 지고 가는 하나님의 어린 양 예수 그리스도를 상징하는 양의 피를 문설주에 바르고 애굽에서 구원 받은 이스라엘 백성들에게 하나님이 지키라고 주신 것이 십계명입니다. 십계명은 하나님과 자신의 몸, 그리고 이웃을 존중하라는 것입니다. "다우이안 부살간도 거탐." 십계명을 암송하고 마음에 새기고 지키십시오. 그러면 복을 받습니다.

십계명은 이스라엘 곧 '하나님의 왕자'에게 주신 규례와 법도입니다. 십계명은 지켜도 되고 안 지켜도 되는 것이 아닙니다. 반드시 지켜야 하는 것입니다. 십계명을 지키는 것이 하나님을 경외하는 것입니다. 당신은 어떻습니까? 십계명을 지키십시오.

다시 이 말씀을 묵상하고 꼭 지키기 바랍니다.

"하나님이 이 모든 말씀으로 말씀하여 이르시되 나는 너를 애굽 땅, 종 되었던 집에서 인도하여 낸 네 하나님 여호와니라. 너는 나 외에는 다른 신들을 네게 두지 말라. 너를 위하여 새긴 우상을 만들지 말고 또 위로 하늘에 있는 것이나 아래로 땅에 있는 것이나 땅 아래 물 속에 있는 것의 어떤 형상도 만들지 말며 그것들에게 절하지 말며 그것들을 섬기지 말라. 나 네 하나님 여호와는 질투하는 하나님인즉 나를 미워하는 자의 죄를 갚되 아버지로부터 아들에게로 삼사 대까지 이르게 하거니와 나를 사랑하고 내 계명을 지키는 자에게는 천 대까지 은혜를 베푸느니라. 너는 네 하나님 여호와의 이름을 망령되게 부르지 말라. 여호와는 그의 이름을 망령되게 부르는 자를 죄 없다 하지 아니하리라. 안식일을 기억하여 거룩하게 지키라. 엿새 동안은 힘써 네 모든 일을 행할 것이나 일곱째 날은 네 하나님 여호와의 안식일인즉 너나 네 아들이나 네 딸이나 네 남종이나 네 여종이나 네 가축이나 네 문안에 머무는 객이라도 아무 일도 하지 말라. 이는 엿새 동안에 나 여호와가 하늘과 땅과 바다와 그 가운데 모든 것을 만들고 일곱째 날에 쉬었음이라. 그러므로 나 여호와가 안식일을 복되게 하여 그 날을 거룩하게 하였느니라. 네 부모를 공경하라. 그리하면 네 하나님 여호와가 네게 준 땅에서 네 생명이 길리라. 살인하지 말라. 간음하지 말라. 도둑질하지 말라. 네 이웃에 대하여 거짓 증거하지 말라. 네 이웃의 집을 탐내지 말라. 네 이웃의 아내나 그의 남종이나 그의 여종이나 그의 소나 그의 나귀나 무릇 네 이웃의 소유를 탐내지 말라."(출 20:1~18)

어떤 형편에 있든지 하나님을 경외하고 주일을 지키십시오.

당신도 나처럼 이렇게 기도하십시오.

"주님, 저도 일평생 하나님을 경외하기를 원합니다."

당신도 포기하지 말고 끝까지 믿어라

당신은 기도하면서 중간에 포기한 것이 없습니까?

예수님은 제자들에게 "항상 기도하고 낙망치 말라"고 하셨습니다. 성경은 창세기부터 요한계시록까지 "포기하지 않고 믿으면 반드시 구한 그것을 얻게 된다"고 말씀하고 있습니다.

아브라함은 아들을 구했고 포기하지 않았기 때문에 결국 이삭을 얻었습니다. 이삭은 기근 때에도 농사를 지었고 포기하지 않았기 때문에 결국 백배를 거두었습니다. 야곱은 20년간 외삼촌 라반의 집에서 일하면서도 하나님의 복을 포기하지 않았기 때문에 결국 두 떼나 이루어 고향으로 돌아오게 되었습니다. 그는 얍복 강가에서 하나님의 천사와 씨름하면서 다쳤지만 포기하지 않았기 때문에 결국 이겼습니다. 요셉은 큰 꿈을 꾼 후에 포기하지 않았기 때문에 결국 애굽의 국무총리가 되었습니다. 모세는 430년간 노예로 살던 자기 백성들을 구원하라는 하나님의 지시를 받고 포기하지 않았기 때문에 결국 80세에 그 일을 해냈습니다.

다윗, 솔로몬, 욥 등 모두 말하자면 끝도 없습니다.

당신은 어떤 꿈을 갖고 있고 어떤 기도를 했습니까?

왜 그 꿈을 포기하고 기도 응답도 포기하려고 합니까?

하나님은 당신에게 어떤 일이 있어도 포기하지 말고 끝까지 믿고 끝까지 구하라고 하십니다. 나도 그렇게 살기로 결심했습니다.

예수님은 부활하신 후에 500문도에게 성령을 받을 때까지 기다리라고 지시하셨습니다. 그런데 380명이 10일을 기다리지 못하고 떠났습니다. 그들은 온갖 기적을 경험했고 예수님의 죽으심과 부활을 목격했지만 '하루살이 믿음'이었기 때문에 포기했습니다.

당신의 믿음도 '하루살이 믿음'이 아닙니까? "오늘 하루만 믿어

보고 안 되면 포기해야지" 하는 하루살이 믿음으로는 아무것도 얻을 수 없습니다. '천년살이 믿음'이 되어야 큰 복을 받습니다.

나는 하나님의 언약을 천년 동안 믿습니다.

하나님이 내게 주신 꿈은 어떤 방법으로든 반드시 그분이 이루어 주신다고 믿습니다. 그러므로 나는 포기하지 않습니다.

받을 때까지 구하십시오. 찾을 때까지 찾으십시오. 열릴 때까지 두드리십시오. 나는 그렇게 해서 다 받았습니다. 결코 중간에 포기하지 않았습니다. 물론 해도 해도 안 될 때는 수백 번도 더 포기하고 싶은 마음이 들었지만 그때마다 성령님께 도움을 구했습니다. "성령님, 도저히 못하겠습니다. 저를 도와주세요."

그러면 다음날 얻었습니다. 찾았습니다. 열렸습니다.

당신도 나처럼 이렇게 기도하십시오.

"주님, 저도 포기하지 않고 끝까지 믿게 하소서."

당신도 안 되면 될 때까지 반복하라

나는 예수님의 능력에 대한 말씀을 변함없이 믿습니다.

하나님이 내게 주신 말씀은 어떤 방법으로든 반드시 그분이 이루어 주신다고 믿습니다. 그러므로 나는 포기하지 않습니다.

예수님은 제자들에게, 그리고 나와 당신에게 말씀하셨습니다.

"너희는 온 천하에 다니며 만민에게 복음을 전파하라. 믿고 세례를 받는 사람은 구원을 얻을 것이요 믿지 않는 사람은 정죄를 받으리라. 믿는 자들에게는 이런 표적이 따르리니 곧 그들이 내 이름으로 귀신을 쫓아내며 새 방언을 말하며 뱀을 집어올리며 무슨 독을 마실지라도 해를 받지 아니하며 병든 사람에게 손을 얹은즉 나으리라." (막 16:15~18)

예수님은 "믿는 자들에게 이런 표적이 따른다"고 말씀하셨습니다. 무엇을 믿는 자들에게 일까요? '복음'입니다. 복음은 무엇일까요? '예수 이름'입니다. 나를 따라 말해 보십시오.

"예수 그리스도의 이름이 복음이다."

예루살렘에서 큰 핍박이 일어났고 흩어진 사람들이 '복음'을 전파했습니다. 그때 빌립 집사도 사마리아 성에 가서 복음을 전했습니다. 어떤 복음일까요? '그리스도'입니다. 더 구체적으로 말하면 '하나님 나라와 및 예수 그리스도의 이름에 관한 도'였습니다.

"그 흩어진 사람들이 두루 다니며 복음의 말씀을 전할 새 빌립이 사마리아 성에 내려가 '그리스도'를 백성에게 전파하니 무리가 빌립의 말도 듣고 행하는 표적도 보고 한마음으로 그가 하는 말을 따르더라. 많은 사람에게 붙었던 더러운 귀신들이 크게 소리를 지르며 나가고 또 많은 중풍병자와 못 걷는 사람이 나으니 그 성에 큰 기쁨이 있더라. 그 성에 시몬이라 하는 사람이 전부터 있어 마술을 행하여 사마리아 백성을 놀라게 하며 자칭 큰 자라 하니 낮은 사람부터 높은 사람까지 다 따르며 이르되 이 사람은 크다 일컫는 하나님의 능력이라 하더라. 오랫동안 그 마술에 놀랐으므로 그들이 따르더니 빌립이 '하나님 나라와 및 예수 그리스도의 이름에 관하여 전도함'을 그들이 믿고 남녀가 다 세례를 받으니 시몬도 믿고 세례를 받은 후에 전심으

로 빌립을 따라다니며 그 나타나는 표적과 큰 능력을 보고 놀라니라."(행 8:4~13)

표적과 큰 능력이 나타나는 비결은 무엇일까요? 오직 하나님 나라와 및 예수 그리스도의 이름에 관하여 전하는 것입니다.

예수 이름에 대한 복음을 전하면 표적과 큰 능력이 나타납니다. 다시 말하지만 '예수 이름'이 복음입니다. 당신이 예수 이름을 전하면 그것을 들은 사람들이 예수 이름을 믿게 되고 구원을 받습니다. 그리고 즉시 따르는 표적이 있게 됩니다. 무엇일까요?

첫째, "내 이름으로 귀신을 쫓아낸다"고 말씀하셨습니다.

많은 사람들이 "만약 내가 예수 이름으로 명령했는데 귀신이 안 쫓겨 나가면 어떻게 하나요?"라고 염려합니다. 귀신이 나갈 때까지 계속 명령하면 됩니다. 한두 번 쫓아 보고 안 된다고 포기하지 말고 열 번이고 스물 번이고 천 번이고 만 번이고 귀신이 나갈 때까지 포기하지 말고 계속 명령하십시오. 그러면 나갑니다.

둘째, "새 방언을 말하며 뱀을 집어올리며 무슨 독을 마실지라도 해를 받지 아니하며"라고 말씀하셨습니다. 많은 사람들이 "만약 내가 안수 기도했는데 방언을 못하면 어떻게 하나요?"라고 염려합니다. 방언을 말할 때까지 다시 안수 기도하면 됩니다.

셋째, "병든 사람에게 손을 얹은즉 나으리라"고 말씀하셨습니다. 많은 사람들이 "만약 내가 예수 이름으로 안수했는데 병이 안 나으면 어떻게 하나요?"라고 염려합니다. 병이 나을 때까지 계속 안수하면 됩니다. 한두 번 안수해 보고 안 된다고 포기하지 마십시오. 열 번이고 스물 번이고 천 번이고 만 번이고 병이 나을 때까지 포기하지 말고 계속 안수하며 병을 꾸짖으십시오.

"예수 이름으로 한 번 명령했는데 귀신이 안 쫓겨 나가고, 한 번 안수했는데 병이 안 나으면 내게 그런 은사와 능력이 없거나 그 사람이 치유 받는 것이 하나님의 뜻이 아닌 것이 아닌가요?"

그렇지 않습니다. 될 때까지 억만 번이라도 시도해야 합니다.

다들 이렇게 말합니다. "나도 해봤는데 안 되더라."

그래서 어떻게 했습니까? 포기했다고요? 왜 포기합니까?

나는 포기하지 않았고 계속 순종했고 결국 다 받았습니다.

다른 종교는 "마음을 비우고 포기하라"고 가르치지만 예수님은 "포기하지 말고 끝까지 믿으라"고 가르치셨습니다. '포기 마인드'를 받아들이지 말고 '확신 마인드'를 가지십시오. 성경은 마음을 비우고 포기한 사람들의 이야기가 아닙니다. 마음으로 믿고 응답 받은 사람들의 이야기입니다. 의심하지 말고 끝까지 믿으십시오.

그러면 어떻게 믿어야 할까요?

첫째, 믿음으로 구하고 조금도 의심하지 마십시오.

"오직 믿음으로 구하고 조금도 의심하지 말라. 의심하는 자는 마치 바람에 밀려 요동하는 바다 물결 같으니 이런 사람은 무엇이든지 주께 얻기를 생각하지 말라. 두 마음을 품어 모든 일에 정함이 없는 자로다."(약 1:6~8)

둘째, 믿음으로 명령하고 조금도 의심하지 마십시오.

"내가 진실로 너희에게 이르노니 누구든지 이 산더러 들리어 바다에 던져지라 하며 그 말하는 것이 이루어질 줄 믿고 마음에 의심하지 아니하면 그대로 되리라."(막 11:23)

셋째, 믿음으로 받았다고 확신하며 조금도 의심하지 마십시오.

"아브라함이 바랄 수 없는 중에 바라고 믿었으니 이는 네 후손이 이같으리라 하신 말씀대로 많은 민족의 조상이 되게 하려 하심이라. 그가 백 세나 되어 자기 몸이 죽은 것 같고 사라의 태가 죽은 것 같음을 알고도 믿음이 약하여지지 아니하고 믿음이 없어 하나님의 약속을 의심하지 않고 믿음으로 견고하여져서 하나님께 영광을 돌리며 약속하신 그것을 또한 능히 이루실 줄을 확신하였으니 그러므로 그것이 그에게 의로 여겨졌느니라."(롬 4:18~22)

하나님이 하지 말라고 하시면 포기해도 됩니다. 그렇지 않고 하나님이 성경 말씀을 통해, 세미한 음성을 통해, 그 일을 하라고 지시하셨으면 억만 번이라도 다시 순종하고 실천해야 합니다.

미국의 한 목사님은 치유에 대한 말씀을 믿고 성도들에게 병 낫기를 위한 기도를 실천했는데 10개월 동안 수백 번을 반복해도 아무 일이 안 일어났습니다. 그러던 어느 날부터 갑자기 기적이 나타나기 시작했고 지금은 세계적인 신유 사역자가 되었습니다.

당신이 천 명, 만 명을 위해 기도했지만 아무 일이 안 일어났습니까? 그래도 포기하지 말고 하나님의 말씀을 의지해 기도하십시오. 그러면 어느 날부터 치유의 기적이 폭발적으로 일어날 것입니다. 처음엔 잘 안 되는 것 같지만 반드시 기적이 일어납니다.

"나도 회개하려고 시도해 봤는데 안 되더라."
"나도 구원받으려고 시도해 봤는데 안 되더라."
"나도 교회에 가려고 시도해 봤는데 안 되더라."
"나도 성경을 믿으려고 시도해 봤는데 안 되더라."
"나도 큰 꿈을 가지려고 시도해 봤는데 안 되더라."
"나도 거룩하게 살려고 시도해 봤는데 안 되더라."
"나도 죄를 끊으려고 시도해 봤는데 안 되더라."
"나도 술 담배 끊으려고 시도해 봤는데 안 되더라."
"나도 공부하려고 시도해 봤는데 안 되더라."
"나도 진학하려고 시도해 봤는데 안 되더라."
"나도 취직하려고 시도해 봤는데 안 되더라."
"나도 승진하려고 시도해 봤는데 안 되더라."
"나도 독립하려고 시도해 봤는데 안 되더라."
"나도 억대 수입을 올리려고 시도해 봤는데 안 되더라."
"나도 책을 쓰려고 시도해 봤는데 안 되더라."
"나도 강연하려고 시도해 봤는데 안 되더라."
"나도 귀신을 쫓아내려고 시도해 봤는데 안 되더라."
"나도 병을 고치려고 시도해 봤는데 안 되더라."
"나도 응답받으려고 시도해 봤는데 안 되더라."
"나도 저축하려고 시도해 봤는데 안 되더라."
"나도 차를 사려고 시도해 봤는데 안 되더라."
"나도 집을 사려고 시도해 봤는데 안 되더라."
"나도 빌딩을 사려고 시도해 봤는데 안 되더라."
"나도 땅을 사려고 시도해 봤는데 안 되더라."
"나도 결혼하려고 시도해 봤는데 안 되더라."
"나도 아기를 가지려고 시도해 봤는데 안 되더라."
"나도 사업하려고 시도해 봤는데 안 되더라."

"나도 세계 여행을 가려고 시도해 봤는데 안 되더라."
"나도 교회를 부흥시키려고 시도해 봤는데 안 되더라."
"나도 성전 건축하려고 시도해 봤는데 안 되더라."
"나도 선교하려고 시도해 봤는데 안 되더라."
"나도 전도하려고 시도해 봤는데 안 되더라."

그렇지 않습니다. 왜 그런 부정적인 사람을 만나고 부정적인 말을 듣습니까? 믿음의 사람을 만나고 믿음의 말을 들으십시오.

나는 했는데 되었습니다. 안 되는 것은 될 때까지 했습니다. 그래도 안 되면 왜 안 되는지 주님께 물었습니다. 그러면 주님께서 다른 방법을 알려주셨고 그대로 하면 되었습니다. 당신도 믿음으로 실천하면 됩니다. 된다고 믿고, 된다고 말하십시오.

예수님이 베드로에게 "그물을 배 오른편에 던지라"고 하셨을 때 순종했기 때문에 많은 고기를 잡을 수 있었습니다. 예수님이 하라고 말씀하셨으면 믿고 순종해야 합니다. 한 번 순종해도 안 되면 두 번, 세 번, 열 번, 백 번이라도 순종해야 합니다. 억만 번이라도 순종해야 합니다. 그것이 말씀에 대한 순수한 믿음입니다.

하나님의 말씀대로 한두 번 실천해 보고 안 된다고 포기한 사람들은 모두 그 자리에서 멈췄습니다. 그들은 예수님의 말씀을 자기 기준으로 철학적, 신학적, 교리적, 역사적으로 제한되게 해석하고 수준을 낮췄습니다. 하나님의 말씀을 폐했습니다. 말씀을 구부리고 폐하는 것은 뱀의 일입니다. "내 이름으로 뱀을 집어올리며"(막 16:18)라는 말씀대로 뱀의 일을 집어 올려야 합니다. 하나님의 말씀을 구부리지 말고 순수하게 믿어야 합니다.

베드로에게 나타난 성령의 역사를 돈 주고 사려던 마법사 시몬처럼 자기가 잘못된 것이지 말씀이 잘못된 것이 아닙니다. 회개하고 다시 말씀을 믿어야 합니다. 예수 이름을 전해야 합니다.

"성경에 나오는 방언과 신유와 기적은 모두 단회적인 사건이다. 지금은 그런 기적이 안 일어난다. 믿지 마라."

"지금은 연예인 초청이나 세상 문화를 통해 사람들을 전도해야 한다. 성경에서 말하는 예수 이름은 구원을 얻기 위한 이름일 뿐이다. 귀신 쫓고 병고치고 방언하는데 사용하는 이름이 아니다."

절대로 그렇지 않습니다. 이런 사상들은 모두 인본주의요 자기 기준으로 성경 말씀을 잘못 해석하고 수준을 낮춘 것입니다.

당신이 가진 모든 잘못된 경험과 이론, 교만한 마음과 생각을 사로잡아 그리스도에게 복종시켜야 합니다.

"우리의 싸우는 무기는 육신에 속한 것이 아니요 오직 어떤 견고한 진도 무너뜨리는 하나님의 능력이라. 모든 이론을 무너뜨리며 하나님 아는 것을 대적하여 높아진 것을 다 무너뜨리고 모든 생각을 사로잡아 그리스도에게 복종하게 하니……."(고후 10:4~5)

하나님의 말씀의 수준으로 돌아가야 합니다.

하나님의 말씀대로 실천했는데 안 된다고 포기하지 말아야 합니다. 안 되면 될 때까지 해야 합니다. 금방 큰 꿈이 안 이루어져도 끝까지 믿고 꿈꾸어야 합니다. 금방 기도 응답이 안 되어도 끝까지 믿고 기도해야 합니다. 금방 표적과 기사가 안 나타나도 끝까지 믿고 순종해야 합니다. 당신은 왜 쉽게 포기합니까?

왜 당신 멋대로 하나님의 말씀을 낮은 수준으로 해석합니까?

하나님의 말씀을 완전히 믿어야 합니다. 그리고 순종하고 또 순종해야 합니다. 기도하고 또 기도해야 합니다.

엘리야가 비가 오기를 위해 한 번 기도하고 안 된다고 포기하지 않았습니다. 그는 하나님의 말씀을 붙잡고 일곱 번이나 간절히 기도했습니다. 그러자 손바닥 만한 구름이 나타났고 얼마 후에 큰 비가 내렸습니다. 이것은 꼭 일곱 번을 기도하라는 말이 아닙니다. 안 되면 될 때까지 기도하라는 말입니다. 엘리야는 비가 오지 않기를 위해서도 간절히 기도했습니다.

"엘리야는 우리와 성정이 같은 사람이로되 그가 비가 오지 않기를 간절히 기도한즉 삼 년 육 개월 동안 땅에 비가 오지 아니하고 다시 기도하니 하늘이 비를 주고 땅이 열매를 맺었느니라."(약 5:17~18)

원하는 것을 찾아내기까지 찾아라

당신은 하나님의 말씀에 대해 의심치 않고 끝까지 믿습니까?

하나님이 말씀하셨으면 수준을 낮추지 말고 될 때까지 해야 합니다. 아브라함처럼 될 때까지 믿고, 이삭처럼 될 때까지 순종하고, 야곱처럼 될 때까지 기도하고, 요셉처럼 될 때까지 꿈꾸고, 모세처럼 될 때까지 맞서고, 다윗처럼 될 때까지 싸우십시오.

나도 한두 번 시도해 보고 안 된 것이 많았습니다. 하지만 포기하지 않고 다시, 또 다시, 수십 번, 수백 번을 실천했습니다. 안 되었던 내 경험을 믿지 않고, 된다고 하신 하나님의 말씀을 믿었습니다. 잠언 24장 16절의 "대저 의인은 일곱 번 넘어질지라도 다시 일어나려니와"라는 말씀대로 다시 믿고 실천했습니다.

물론 나도 수십 번 좌절했고 다 때려치우고 포기하는 편이 낫겠다는 마음도 많이 들었습니다. 그러나 성령님의 인도하심과 도우심으로 다시 시도했습니다. 그러자 어느 날부터 되었습니다. 성령을 체험했습니다. 방언을 받았습니다. 지혜의 문이 열렸습니다. 결혼했습니다. 아이를 낳았습니다. 책을 써냈습니다. 강연했습니다. 넓은 집을 샀습니다. 교회를 세웠습니다. 귀신이 쫓겨 나갔습니다. 병이 나았습니다. 기름 부음이 나타났습니다. 기도 응답을 받았습니다. 한 번 열리니 그 후로는 쉬웠고 저절로 계속 되어졌습니다. 당신도 열릴 때까지 억만 번이라도 실천하십시오.

예수님은 "찾아내기까지 포기하지 말라"고 말씀하셨습니다.

"어떤 여자가 열 드라크마가 있는데 하나를 잃으면 등불을 켜고 집을 쓸며 찾아내기까지 부지런히 찾지 아니하겠느냐? 또 찾아낸즉 벗과 이웃을 불러 모으고 말하되 나와 함께 즐기자 잃은 드라크마를 찾아내었노라 하리라."(눅 15:8~9)

전도하고 기도할 때 절대로 포기하지 마십시오. 성령의 기름 부음과 치유의 능력을 구할 때 절대로 포기하지 마십시오.

구하고 있습니까? 얻을 때까지 계속 구하십시오. 찾고 있습니까? 찾을 때까지 계속 찾으십시오. 두드리고 있습니까? 열릴 때까지 계속 두드리십시오. 그러면 어느 날 갑자기 하루 만에 다 받게 되고 다 찾게 되고 다 열리게 됩니다. 기적이 나타납니다.

하나님이 하루 만에 다 주십니다.

성령님이 말씀하시면 즉시 순종하라

성령님이 기도하자고 말씀하시면 순종하라

당신은 시간을 뚝 떼어 기도에 푹 빠진 적이 있습니까?

나는 종종 그런 시간을 가집니다. 그럴 때 나는 성령님의 인도하심을 따라 기도합니다. 성령님께서는 내 마음에 '기도하러 가자'고 말씀하십니다. 그러면 나는 아무리 바빠도 하던 일을 멈추고 기도하러 갑니다. 성령님은 기도할 장소도 말씀하십니다.

'오늘은 방에서 기도해라.'

'오늘은 교회에 가서 기도해라.'

'오늘은 공원을 거닐며 기도해라.'

그러면 나는 하던 일을 멈추고 성령님과 함께 기도하기 위한 장소로 움직입니다. 입을 열어 성령님과 함께 기도를 시작하면 물 흐르듯이 시간이 계속 흘러갑니다. 1시간이든, 7시간이든 어느 정도 기도하고 나면 성령님께서 내 마음에 말씀하십니다.

'이제 그만 기도해라.'

그러면 나는 기도를 멈추고 집으로 돌아와 다른 일을 합니다.

성경을 읽는 것도 그렇습니다. 한 장, 두 장, 열 장, 읽다가 성령님이 '그만' 하시면 그 자리에서 딱 멈춥니다. 그리고 접어 두고 다음날 펴서 거기서부터 다시 읽기 시작합니다. 성경을 무작정 많이 읽는다고 좋은 것이 아닙니다. 하루에 50장씩 읽어도 깨닫지 못하면 계속 읽어야 하지만 한 장을 읽어도 깨달음이 넘치면 멈추어도 됩니다. 내 마음에 깨달음을 감당하는 분량이 있는데 그것이 어느 정도 채워지면 성령님께서 '그만, 이제 그만 읽어라'고 말씀하십니다. 그러면 나는 즉시 순종하고 멈추고 덮습니다.

"많이 하는 것보다 중요한 것은 순종하는 것이다."

기도와 성경 읽기, 찬양과 전도하기 등 무엇을 하든 성령님의 음성에 순종해야 합니다. 하라고 하시면 하고 멈추라고 하시면 멈춰야 합니다. 기도를 많이 하는 것이 좋긴 하지만 그렇다고 무작정 많이 하지 말고 성령님의 음성을 따라 기도하십시오.

나는 책을 읽을 때도 음성을 따라 읽습니다. '그만, 여기까지만 읽어라'고 하시면 즉시 책읽기를 멈추고 그 자리에서 일어납니다.

'일어나서 나와 함께 산책하러 가자.'

'네, 성령님. 함께 가시지요.'

무엇이든 많이 하는 것보다 성령님의 음성에 순종하는 것이 더 중요합니다. 만약 당신이 성령님의 이끌림을 따라 물 흘러가듯이 기도하지 않고 스스로 "나는 매일 7시간씩 꼭 기도하겠다"며 시간을 정해 놓고 어떻게든 그 시간을 채우기 위해 육체적으로 노력하면 율법주의자가 됩니다. 그런 율법주의 마인드는 은혜의 성령님을 대적하는 것이 되므로 오히려 저주를 받습니다.

"너희에게 성령을 주시고 너희 가운데서 능력을 행하시는 이의 일이 율법의 행위에서냐 혹은 듣고 믿음에서냐."(갈 3:5)

성령을 받는 것도 능력을 받는 것도 듣고 믿음에서입니다.

물론 나도 성령님의 인도하심을 따라 골방이나 교회에 가서 기도를 시작할 때 어느 정도는 기도하겠다고 마음에 작정합니다.

'오늘은 1시간, 3시간, 5시간, 7시간 기도해야 되겠다.'

그러나 성령님이 '오늘은 2시간 기도해라'고 하시면 순종합니다. 1시간 정도는 큰 맘 먹지 않고 그냥 입을 열어 기도하기 시작하면 금방 흘러갑니다. 매일 1시간 이상 기도하는 것이 좋습니다.

예수님께서 이렇게 말씀하셨기 때문입니다.

"돌아오사 제자들이 자는 것을 보시고 베드로에게 말씀하시되, 시몬아 자느냐? 네가 한 시간도 깨어 있을 수 없더냐?"(막 14:37)

예수님은 1시간 정도는 깨어 있어야 한다고 말씀하셨습니다.

예수님은 습관을 좇아 1시간 이상 기도하시므로 영이 강한 사람으로 사셨습니다. 하지만 베드로는 기도하는 습관이 없었기 때문에 육신이 강한 사람으로 살았고 시험에 들었습니다.

"시험에 들지 않게 깨어 있어 기도하라. 마음에는 원이로되 육신이 약하도다 하시고……."(막 14:38)

육신이 강한 사람은 육신의 욕구를 따라 삽니다. 하지만 영이 강한 사람은 영의 욕구를 따라 삽니다. 당신은 어떻습니까?

"다시 나아가 동일한 말씀으로 기도하시고 다시 오사 보신즉 그들이 자니 이는 그들의 눈이 심히 피곤함이라."(막 14:39~40)

물론 그들이 잠을 제대로 못 잤기 때문일 수도 있습니다.

나는 기도하기 위해 잠을 푹 잡니다. 잠을 푹 잔 뒤에 몸과 마음이 개운해야 기도를 잘 할 수 있기 때문입니다. 기도하기 위해 최상의 컨디션을 유지하는 것이 중요합니다. 기도 시간만 되면 잠이 오고 예배 시간에도 계속 꾸벅거리며 조는 사람이 있습니다.

그 사람은 밤에 잠을 제대로 자지 않고 계속 활동했기 때문입니다. 사람에 따라 조금씩 다르겠지만 하루에 7~8시간 정도는 푹 자야 합니다. 나는 365일 중에 300일 이상은 변함없이 하루에 7~8시간 정도 푹 자는 편입니다. '다 잤다' 하는 마음이 생길 정도로 푹 잡니다. 그리고 나면 하루 종일 최상의 컨디션으로 책 읽고 기도하고 일하고 사람들을 만날 수 있습니다. 내가 그렇게 잠을 푹 자기 때문에 다른 사람보다 백배나 더 많은 일을 해내는 것입니다. 잠을 푹 자면 머리에서는 지혜가 넘치고 손과 발이 초능력을 발휘합니다. 그리고 기도하는 내내 행복하고 즐겁습니다.

당신도 먼저 잠을 푹 자십시오. 잠을 제대로 못 자면 면역력이 떨어지고 온갖 병이 생기는 허약 체질로 바뀝니다. 잠을 푹 자고 깨끗한 음식을 먹으면서 맑은 정신과 개운한 몸으로 기도하는 일과 말씀 사역에 힘쓰십시오. 그래야 장기간 사역할 수 있습니다.

잠을 푹 잤으면 오래 기도하기 위해 마음에 작정해야 합니다.

마음에 몇 시간 기도하겠다고 작정하지 않으면 5분, 10분 기도하다가 멈추게 됩니다. 전화벨 소리만 울려도 마음이 들떠 골방을 뛰쳐나가게 됩니다. 그러면 기도에 푹 빠질 수가 없습니다.

"시간을 뚝 떼어 기도에 푹 빠지라."

이것은 쉽습니다. 마음에 몇 시간 정도 기도하겠다고 작정하면 되는 것입니다. 작정하기 힘들 때는 성령님께 물어보십시오.

'성령님, 오늘은 어느 정도 기도할까요?'

그러면 성령님께서 당신의 마음에 말씀하실 것입니다.

'오늘은 1시간 정도 기도하면 된다.'

'오늘은 2시간 정도 기도하면 된다.'

'오늘은 7시간 정도 기도하면 된다.'

그렇게 하여 시간을 뚝 떼는 것은 잘했는데 이제 그 시간을 어떻게 기도해야 할지 고민이 될 것입니다. 당신은 연약합니다. 그러나 성령님이 당신의 연약함을 도우신다고 했습니다.

"이와 같이 성령도 우리의 연약함을 도우시나니……."(롬 8:26)

이렇게 말하며 성령님께 도움을 구하면 됩니다.

"성령님, 저의 기도를 인도해 주세요. 도와주세요."

그러면 성령님께서 기도하는 내내 도와주십니다.

나는 마땅히 빌 바를 알지 못합니다. 그것이 정상입니다.

"우리는 마땅히 기도할 바를 알지 못하나……."(롬 8:26)

기도해야 할 내용을 종이에 빽빽이 적어서 그걸 반복해서 읽어야 하는 것이 아닙니다. 성령님의 인도하심을 따라 기도하는 것이 가장 좋습니다. 성령님은 우리의 기도를 도우십니다.

"오직 성령이 말할 수 없는 탄식으로 우리를 위하여 친히 간구하시느니라."(롬 8:26)

나는 성령 안에서 기도합니다. 이것은 영으로 기도하는 것 곧 방언 기도를 의미하기도 합니다. 바울은 말했습니다.

"내가 만일 방언으로 기도하면 나의 영이 기도하거니와……."(고전 14:14)

세 가지 종류의 기도가 있습니다. '영마몸' 곧 영의 기도, 마음의 기도, 몸의 기도입니다. 세 가지 모두 중요하지만 그 중에서 가장 강력한 기도가 영의 기도 곧 방언 기도입니다. 방언은 알아듣지도 못하는 수준 낮은 기도가 아닙니다. 지혜로우신 하나님이 오순절에 성령이 임할 때 120문도 모두에게 주신 영의 기도입니다. 베드로는 방언만 받았는데도 설교할 때 3천 명이 회개했습니다. 그때는 아직 앉은뱅이를 일으키지 않았을 때입니다.

당신이 아직 앉은뱅이를 일으키거나 죽은 자를 살리거나 소경의 눈을 뜨게 하거나 귀신을 쫓아내거나 하지 않았어도 큰 권능이 있다는 사실을 알고 믿어야 합니다. 당신이 성령을 받았고 방언을 받았다면 당신이 설교할 때 3천 명이 회개하고 구원받을 것입니다. 성령님과 함께 기도하는 일과 말씀 사역을 하십시오.

우리는 오로지 기도하는 일과 말씀 사역에 힘쓰리라

당신은 오늘 어떤 일을 하겠다고 결심했습니까?

나는 오늘도 기도하는 일에 힘쓰겠다고 결심했습니다.

오순절에 성령을 받은 사도들은 가장 중대한 일에 헌신하기로 결심했습니다. 그것이 무엇일까요? 기도와 말씀 사역입니다.

"우리는 오로지 기도하는 일과 말씀 사역에 힘쓰리라."(행 6:4)

성령님은 기도하는 일과 말씀 사역을 위해 오셨습니다.

성령이 임한 사람은 다른 무엇보다 "기도하고 싶다, 말씀을 전하고 싶다"는 열망이 가슴에 끓어오릅니다. 그리고 이 두 가지를 잘할 수 있도록 힘을 주시는 분이 성령님이십니다. 이 두 가지를 잘하는 권능이 모든 사역의 기본이고 기초가 됩니다. 그래서 오순절에 120문도에게 성령이 임한 순간 한 명도 빠짐없이 모두 영으로 기도하는 은사인 '방언'을 받아 말했고 또 베드로는 즉시 일어나 설교했는데 3천 명이나 회개하고 구원받게 되었습니다.

하나님이 보실 때 영으로 기도하는 것과 군중에게 설교하는 능력이 얼마나 귀했으면 그 두 가지를 강하게 나타내셨겠습니까?

성령이 임할 때 주어진 방언의 은사는 100퍼센트 기도의 능력입니다. 방언은 마음껏 기도하라고 주신 놀라운 은사입니다.

"내가 만일 방언으로 기도하면
나의 영이 기도하거니와……"(고전 14:14)

방언을 말했던 사도 베드로가 말씀을 전하자 3천 명이 회개하고 구원받았습니다. 또 말씀을 전하자 5천 명이 회개하고 구원받았습니다. 방언과 설교 곧 '기도하는 일과 말씀 사역'이 영혼을 구원하는데 가장 필요하고 긴급하고 중대한 사역이었습니다.

이 두 가지만 있어도 당신의 사역은 부족함이 없습니다.

다른 능력은 이 두 가지 일을 할 때 저절로 따라오는 표적들입니다. 당신이 오직 기도하고 말씀을 전파하는 일에 힘쓰면 저절로 더러운 귀신이 쫓겨 나가고 병든 사람들이 낫게 될 것입니다.

사탄은 이 두 가지 일을 하지 못하게 하려고 미혹합니다.

"기도하는 일과 말씀 사역이 아닌 다른 것에 집중해."

"수많은 프로그램과 놀라운 현상들이 있잖아, 그걸 추구해."

"가난한 사람들을 구제하고 식사 접대하는 일에 힘써."

그러면 사람들이 회개하고 영혼이 구원받는 일은 일어나지 않습니다. 사도들은 교회에 문제가 생긴 것을 알고 결심했습니다.

"그 때에 제자가 더 많아졌는데 헬라파 유대인들이 자기의 과부들이 매일의 구제에 빠지므로 히브리파 사람을 원망하니 열두 사도가 모든 제자를 불러 이르되 '우리가 하나님의 말씀을 제쳐 놓고 접대를 일삼는 것이 마땅하지 아니하니 형제들아, 너희 가운데서 성령과 지혜가 충만하여 칭찬 받는 사람 일곱을 택하라. 우리가 이 일을 그들에게 맡기고 우리는 오로지 기도하는 일과 말씀 사역에 힘쓰리라' 하니……."(행 6:1~4)

당신도 혹시 하나님의 말씀을 제쳐 놓고 접대를 일삼는 것에 빠져 있지 않습니까? 왜 마땅치 않은 일을 합니까?

"하나님의 말씀을 제쳐 놓고……."
"이 일이 마땅하지 아니하니……."

그리고 그들은 결심했습니다.

"우리는 오로지 기도하는 일과 말씀 사역에 힘쓰리라."

주의 종은 돈으로 불쌍한 성도를 접대하는 일을 하지 말아야 합니다. 그 대신 기도하는 일과 말씀 사역으로 접대해야 합니다.
"우리는 오로지 기도하는 일과 말씀 사역으로 성도들을 영적으로 접대하겠다. 이것이 성령 받은 주의 종이 해야 할 일이다."
주의 종은 성도들을 인간적으로 위로해 주는 사람이 아닙니다.

병든 사람이 있으면 안수하며 기도해 주고 위경에 빠진 사람이 있으면 설교와 저술, 상담을 통해 말씀을 전해 주어야 합니다.

왜 그럴까요? "이에 저희가 그 근심 중에서 여호와께 부르짖으매 그 고통에서 구원하시되 저가 그 말씀을 보내어 저희를 고치사 위경에서 건지시는도다"(시 107:19~20)라고 했기 때문입니다. 당신의 기도와 말씀 사역을 통해 하나님께서 그들을 고치시고 위경에서 건져내십니다. 이것보다 더 좋은 사역은 없습니다.

오직 기도하는 일과 말씀 사역에 힘쓰십시오.

말씀과 찬양 사역을 하기 전에 기도를 많이 하라

당신은 사역을 하기 전에 충분히 많이 기도합니까?

"나는 남달리 말 잘하는 재능이 있어, 노래 잘하는 재능이 있어. 그러니 얼마든지 앞에 나가서 군중들에게 사역할 수 있어."

그렇지 않습니다. 많은 사람들이 내게 와서 자신에게 재능이 있으니 빨리 강단에 서고 싶다고 했습니다. 하지만 그들에게 영력이 없었습니다. 교회 단상에 서서 말씀을 전하고 찬양과 기도를 인도하는 것은 인간적인 재능으로 하는 것이 아닙니다. 기도를 많이 해서 영이 강한 사람이 되어야 군중을 이끌 수 있습니다. 나는 영력이 있기 때문에 입을 열어 "할렐루야" 하며 단순한 찬양을 불러도 성령의 임재와 기름 부음이 군중 위에 운행하기 시작합니다. 또한 주일에 설교하기 위해 토요일에 기도를 많이 합니다.

먼저 기도에 푹 빠지지 않고 "군중 앞에 나서서 설교하겠다, 찬양 인도하겠다"고 말하지 마십시오. 거기엔 메마른 목소리로 시간만 때울 뿐이고 강력한 성령의 기름 부음은 없습니다.

찬양 사역을 하기 전에도 먼저 기도에 푹 빠져야 합니다.

한번은 내가 찬양 사역자가 인도하는 집회에 참석한 적이 있었는데 그는 영력이 없었기 때문에 마치 텔레비전 코미디 쇼를 진행하듯 입담으로 사람들을 이끌려고 애쓰는 것을 보았습니다. 거기에는 인간적인 감정과 재미만 있을 뿐 기름 부음이 없었습니다.

기름 부음이 없이 앞에 선 사역자는 비참하고 불쌍합니다.

사역자에게 있어 기도는 무엇입니까? "내 힘으로 할 수 없다, 오직 하나님의 영으로만 가능하다"는 '항복'인 것입니다. 성령을 힘입어 설교하고, 성령을 힘입어 찬양하고, 성령을 힘입어 귀신을 쫓아내야 합니다. 그러기 위해서는 기도에 푹 빠져야 합니다.

당신은 혹시 기름 부음이 없이 말씀을 전하지 않습니까?

"하나님의 말씀을 제쳐 놓고"라고 했으니 하나님의 말씀을 잘 전하겠다고 하면 될 터인데 왜 "우리는 오로지 기도하는 일과 말씀 사역에 힘쓰리라"고 했을까요? 그들은 군중들에게 말씀 사역을 하기 전에 하나님께 기도하는 일이 우선이고 꼭 필요하다는 것을 알았던 것입니다. 말씀 사역을 하기 위해 시간을 뚝 떼어 기도해야 합니다. 기도하지 않고 말씀 사역을 하면 거기엔 기름 부음이 없습니다. 그러다 보면 온갖 세상 철학과 예화와 지식을 끌어오게 됩니다. 이런 설교에서 모든 문제가 발생합니다. 성경은 영으로 쓰였기 때문에 영으로 해석하고 영으로 전해야 합니다.

"이것은 하늘로부터 보내신 성령을 힘입어 복음을 전하는 자들로 이제 너희에게 알린 것이요."(벧전 1:12)

당신이 시간을 뚝 떼어 기도하면 지혜와 계시의 영이신 성령님의 도우심으로 말씀이 잘 깨달아집니다. 시간을 뚝 떼어 기도하면 성령을 힘입어 말씀을 강력하게 전할 수 있게 됩니다.

기도하면 성령을 힘입어 귀신을 내쫓을 수 있습니다.

"그러나 내가 하나님의 성령을 힘입어 귀신을 쫓아내는 것이면 하나님의 나라가 이미 너희에게 임하였느니라."(마 12:28)

말씀 사역과 찬양 사역을 하기 전에 먼저 오랜 시간 동안 기도에 푹 빠져서 당신의 영을 강하게 만들어야 합니다.

"기도 외에 다른 것으로는
이런 종류가 나갈 수 없느니라."(막 9:29)

예수님도 100퍼센트 인간으로 사역하셨습니다.

요단강에서 성령이 비둘기처럼 임하기 전에는 한번도 시험을 받거나 설교하거나 전도하거나 귀신을 쫓아내거나 병을 고친 적이 없었습니다. 성령이 임한 순간부터 공생애가 시작되었습니다.

성령이 임하자 성령에 이끌려 광야로 가서 사탄의 시험을 받고 이기셨습니다. 성령이 임하자 가버나움 회당에서 말씀을 가르치지 시작하셨고 그 때 더러운 귀신이 정체를 드러내며 쫓겨 나갔습니다. 성령이 임하자 그 말씀을 전하고 전도하고 병을 고치셨습니다. 예수님은 혼자서는 아무것도 하실 수 없었습니다. 성령을 받고 성령을 힘입어 모든 일을 하셨습니다. 예수님도 우리와 동일한 인간이었기 때문에 영을 강하게 하기 위해 습관적으로 뭉치 시간을 뚝 떼어 오래 기도하셔야만 했습니다.

예수님이 받은 성령이 부족해서 성령을 더 받기 위해 기도하신 것이 아니었습니다. 예수님이 받은 권능이 부족해서 권능을 더 받기 위해 기도하신 것이 아니었습니다. 예수님이 받은 지혜가 부족해서 지혜를 더 받기 위해 기도하신 것이 아니었습니다.

단지 '영이 강한 사람'이 되어야 했기에 기도하셨습니다.

영이 강할수록 성령님과 동업을 더 잘할 수 있습니다.

당신은 어떻습니까? 영이 강한 사람입니까? 약한 사람입니까?

영이 강한 사람은 영이 마음과 몸을 다스리고 이끌어 갑니다. 마음이 강한 사람은 마음이 영과 몸을 다스리고 이끌어 갑니다. 몸이 강한 사람은 몸이 영과 마음을 다스리고 이끌어 갑니다.

영, 마음, 몸, 이 셋 중에 영이 가장 강한 사람이 되십시오.

성령님은 영이시므로 당신의 영이 성령을 힘입어 강해져야 합니다. 그래야 당신의 영이 성령님께 잘 반응할 수 있고 성령을 힘입어 말씀을 잘 전할 수 있습니다. 영이 강한 사람이 되십시오.

한나처럼 영이 강한 사람이 되라

한나는 영이 아주 강한 사람이었습니다.

한나에게는 그를 괴롭히는 강한 적수가 있었습니다. 그것을 감당하기 위해 한나는 자기 영을 더 강하게 해야 했습니다.

당신에게는 지금 어떤 강적이 있습니까? 당신이 더 강해지십시오. 왜 하필 하나님께서 당신에게 그 적수를 허락하셨을까요?

첫째, 하나님이 당신에게 적수를 두고 당신의 마음을 심히 격분하게 하시는 것은 당신의 영을 강하게 하기 위함입니다.

"여호와께서 그에게 임신하지 못하게 하시므로 그의 적수인 브닌나가 그를 심히 격분하게 하여 괴롭게 하더라."(삼상 1:1)

둘째, 영이 강한 사람은 인간의 위로로 만족하지 않습니다.

"매년 한나가 여호와의 집에 올라갈 때마다 남편이 그같이 하매 브닌나가 그를 격분시키므로 그가 울고 먹지 아니하니 그의 남편 엘가나가 그에게 이르되 한나여 어찌하여 울며 어찌하여 먹지 아니하며 어찌하여 그대의 마음이 슬프냐 내가 그대에게 열 아들보다 낫지 아니하냐 하니라."(삼상 1:7~8)

셋째, 영이 강한 사람은 기도하기 위해 마음에 작정하고 그 자리에서 일어납니다.

"그들이 실로에서 먹고 마신 후에 한나가 일어나니 그 때에 제사장 엘리는 여호와의 전 문설주 곁 의자에 앉아 있었더라."(삼상 1:9)

넷째, 영이 강한 사람은 하나님께 마음을 쏟아 놓습니다.

"한나가 마음이 괴로워서 여호와께 기도하고 통곡하며 서원하여 이르되 만군의 여호와여 만일 주의 여종의 고통을 돌보시고 나를 기억하사 주의 여종을 잊지 아니하시고 주의 여종에게 아들을 주시면 내가 그의 평생에 그를 여호와께 드리고 삭도를 그의 머리에 대지 아니하겠나이다."(삼상 1:10~11)

다섯째, 영이 강한 사람은 하나님 앞에 오래 기도합니다.

"그가 여호와 앞에 오래 기도하는 동안에 엘리가 그의 입을 주목한즉 한나가 속으로 말하매 입술만 움직이고 음성은 들리지 아니하므로 엘리는 그가 취한 줄로 생각한지라."(삼상 1:12~13)

여섯째, 영이 강한 사람은 술에 취한 것처럼 기도에 취합니다.
나도 때로는 3시간, 5시간을 넘어 계속 오래 기도하다 보면 술 취한 것처럼 기도에 푹 취하게 되는 것을 경험합니다. 사도행전 2장에도 오순절에 성령을 받고 방언으로 기도하는 120명의 제자들을 보고 다들 놀라며 대낮에 술에 취했다고 했습니다.

"엘리가 그에게 이르되 네가 언제까지 취하여 있겠느냐? 포도주를 끊으라 하니……."(삼상 1:14)

일곱째, 영이 강한 사람은 자신이 영이 강한 사람인 것을 압니다. '마음이 슬픈 여자'라는 말은 '영이 강한 여자'라는 뜻입니다.

"한나가 대답하여 이르되 내 주여 그렇지 아니하니이다. 나는 '마음이 슬픈 여자'라. 포도주나 독주를 마신 것이 아니요 여호와 앞에 내 심정을 통한 것뿐이오니 당신의 여종을 악한 여자로 여기지 마옵소서. 내가 지금까지 말한 것은 나의 원통함과 격분됨이 많기 때문이니이다 하는지라."(삼상 1:15~16)

여덟째, 영이 강한 사람은 주의 종의 말을 사람의 말로 받지 않고 하나님의 말씀으로 받습니다. 그러면 기적이 일어납니다.

"엘리가 대답하여 이르되 평안히 가라 이스라엘의 하나님이 네가 기도하여 구한 것을 허락하시기를 원하노라 하니 이르되 당신의 여종이 당신께 은혜 입기를 원하나이다 하고 가서 먹고 얼굴에 다시는 근심 빛이 없더라. 그들이 아침에 일찍이 일어나 여호와 앞에 경배하고 돌아가 라마의 자기 집에 이르니라. 엘가나가 그의 아내 한나와 동침하매 여호와께서 그를 생각하신지라. 한나가 임신하고 때가 이르매 아들을 낳아 사무엘이라 이름하였으니 이는 내가 여호와께 그를 구하였다 함이더라."(삼상 1:17~20)

아홉째, 영이 강한 사람은 남고 원수는 마침내 사라집니다.
한나에게는 그를 심히 격분하게 하고 괴롭히는 적수가 있었습니다. 혹시 당신에게도 지금 그런 사람이 있지 않습니까?

"여호와께서 그에게 임신하지 못하게 하시므로 그의 적수인 브닌나가 그를 심히 격분하게 하여 괴롭게 하더라. 브닌나가 그를 격분시키므로 그가 울고 먹지 아니하니…… 한나가 마음이 괴로워서 여호와께 기도하고 통곡하며…… 나의 원통함과 격분됨이 많기 때문이니이다."(삼상 1:6~16)

결국 한나는 기도 응답을 받고 마음에 평강이 가득하게 되었습니다. 당신도 기도 응답을 받으면 근심 빛이 없게 됩니다.

"얼굴에 다시는 근심 빛이 없더라."(삼상 1:18)

당신도 적수 때문에 한나처럼 원통함과 격분됨이 심히 많지 않습니까? 낙망하지 말고 전능하신 하나님께 기도하십시오. 시간을 뚝 떼어 오래 기도하십시오. 술에 취한 듯이 기도하십시오.

기도가 응답되자 한나의 적수는 완전히 사라졌습니다.

당신의 적수도 완전히 사라질 것입니다.

생수의 강을 따라 술에 취한 사람처럼 기도하라

당신은 오래 기도하는 것이 부담스럽지 않습니까?

나도 예전에는 엄청나게 부담스러웠고 1시간을 채우는 것도 굉장한 짐이 되었습니다. 골방에 들어가 찬양을 틀어 놓고 무릎을 꿇고 내가 아는 모든 내용으로 열심히 기도했지만 눈을 뜨면 10분밖에 안 지났습니다. 1시간은 정말 긴 시간이었습니다.

사람이 어떻게 10분도 아닌 30분, 1시간, 2시간, 3시간, 5시간, 7시간, 10시간, 12시간, 또는 밤을 새면서 기도할 수 있을까요? 얼마 전에는 오후 2시 30분부터 다음날 새벽 2시 30분까지 12시간을 기도한 적이 있습니다. 어떻게 그것이 가능했을까요?

그 비결은 바로 생수의 강에 있습니다. 내 힘으로 기도하지 않고 내 안에서 넘치도록 흐르는 생수의 강을 따라 기도했기 때문에 가능했던 것입니다. 생수의 강을 따라 기도하십시오.

생수의 강을 따라 기도하다 보면 3시간, 4시간이 금방 지나갑니다. 그리고 5시간 정도를 넘기면 그때부터는 술 취한 사람처럼 기도하게 됩니다. 내 영이 내 머리 위에 붕 떠 있는 느낌이 들고 영이 성령의 이끌림을 따라 계속 기도하는 것을 느끼게 됩니다. 담요 같은 것이 내 머리를 푹 덮은 것 같기도 하고 내가 미친 사람이 된 것 같기도 합니다. "내가 예수님께 미쳤구나."

나는 "주 예수님, 사랑합니다"라고 고백하면서 계속 방언으로 기도합니다. 당신도 영으로 기도하고 마음으로 기도하십시오.

"그러면 어떻게 할까? 내가 영으로 기도하고 또 마음으로 기도하며 내가 영으로 찬송하고 또 마음으로 찬송하리라."(고전 14:15)

영으로 기도하는 것이 먼저이고 그 다음이 마음으로 기도하는 것입니다. 비율도 영으로 기도하는 것이 일만 마디면 마음으로 기도하는 것은 다섯 마디 정도입니다. 영으로 많이 기도하십시오.

영으로 기도하는 것은 비행기를 탄 것과 같다

영으로 기도한다는 것은 비행기를 탄 것과 같습니다.
비행기는 가만히 앉아 있어도 목적지까지 계속 날아갑니다.

내가 예전에 부흥회를 인도하러 브라질에 간 적이 있는데 비행기로 24시간이나 걸렸습니다. 24시간 동안 내가 운전한 것이 아니라 기장이 운전했습니다. 이처럼 내가 영으로 기도할 때 내가 운전하는 것이 아니라 기장이신 성령님이 운전하십니다.

나는 비행기 안에서 가만히 있고 하는 것이 없습니다. 그러면 24시간 동안 꼼짝도 안하고 가만히만 있을까요? 아닙니다. 나는 그 비행기 안에서 움직였습니다. 일어나고 앉기도 하고 중간 통로에 서서 기대기도 하고 화장실도 다녀오고 옆에 있는 외국인에게도 말을 걸었습니다. 잠을 자다가 깨면 책도 읽고 기내식도 먹었습니다. 하지만 그런 모든 일은 비행기가 목적지까지 가는 것과는 아무 상관이 없는 내 개인적인 움직임이었을 뿐입니다.

이것이 사도 바울이 말한 "내가 영으로 기도하고 또 마음으로 기도하며"라는 말씀의 의미입니다. 영으로 기도하는 것은 기장이 조종하는 비행기를 타고 24시간 동안 목적지까지 날아가는 것이며, 마음으로 기도하는 것은 그 비행기 안에서 개인적으로 생각하고 말하고 책 읽고 왔다 갔다 하며 움직이는 것입니다.

이렇게 비행기 마인드로 기도하면 기도가 쉽습니다.

첫째, 비행기는 한 번 뜨면 몇 시간 동안 난다는 시간이 정해져 있습니다. 당신도 기도할 때 몇 시간을 기도하겠다는 작정을 하십시오. 비행기를 타고 대구나 부산, 제주도를 갈 때는 1시간 정도밖에 안 걸립니다. 일본은 2시간 걸립니다. 이런 식으로 당신도 기도할 때 30분, 1시간, 2시간, 12시간 등으로 시간을 정하고 기도하기 시작하십시오. 시간을 뚝 떼어 기도에 푹 빠지십시오.

둘째, 비행기는 한 번 뜨면 목적지까지 자동으로 날아갑니다.

당신 안에 '자동목적달성장치'가 있어 한 번 기도하기 시작하면 성령님이 말할 수 없는 탄식으로 당신을 위해 간구하시므로 목적지까지 자동으로 날아간다는 것을 믿으십시오. 마음으로 기도하기 위해 복잡한 기도문이나 기도 원리와 방법 등을 붙들지 말고 단순하게 성령 안에서 영으로 기도하십시오. 골방에서 혼자 기도할 때는 영으로 기도하는 것이 가장 강력한 기도 방법입니다.

셋째, 비행기는 기류를 타고 더 높이 더 멀리까지 날아갑니다.

당신도 성령의 비행기를 탔으니 성령의 기류를 타고 날아가야 합니다. 그것이 무엇일까요? 당신 안에 강물처럼 흐르는 성령의 생수의 강을 따라 기도하는 것입니다. 영으로 기도하십시오.

바울은 에베소 교인들에게 성령 안에서 기도하라고 했습니다.

"모든 기도와 간구를 하되 항상 성령 안에서 기도하고 이를 위하여 깨어 구하기를 항상 힘쓰며 여러 성도를 위하여 구하라."(엡 6:18)

나도 모든 기도와 간구를 합니다. 그리고 항상 성령 안에서 기도합니다. 또 여러 성도를 위하여 구합니다. 당신도 항상 성령 안에서 기도하십시오. 그러면 오래 기도하는 것이 쉽습니다.

내가 방언으로 기도하면 내 안에 가득한 생수의 강이 바깥으로 흘러 나는 것 같습니다. 그래서 기도 생활이 쉽고 즐겁습니다.

당신 안에서 생수의 강이 흐르고 있습니다. 생수의 강을 따라 기도하십시오. 그러면 기도 시간이 마냥 행복할 것입니다.

"나를 믿는 자는 성경에 이름과 같이
그 배에서 생수의 강이 흘러나오리라."(요 7:38)

매일 기도하기 위해 뭉치 시간을 떼라

당신은 매일 기도하기 위해 뭉치 시간을 뚝 뗍니까?

나는 매일 기도하기 위해 뭉치 시간을 뚝 뗍니다. 1시간, 2시간, 3시간, 5시간, 7시간 등 시간을 뚝 뗍니다. 내가 그렇게 할 수 있는 것은 만왕의 왕이신 하나님과 대화하는 시간인 기도 시간을 우선순위의 첫째에 두었기 때문입니다.

오래 기도하려면 만왕의 왕께 우선순위를 둬야 합니다.

만왕의 왕이신 하나님께서 수천 년 동안 두 팔을 벌리며 많은 사람들에게 '천국 복음의 삶'과 '기도하는 특권'이라는 풍성한 잔칫상으로 초청하셨습니다. 하지만 그들이 어떻게 반응했습니까?

"이르시되 어떤 사람이 큰 잔치를 베풀고 많은 사람을 청하였더니 잔치할 시각에 그 청하였던 자들에게 종을 보내어 이르되 오소서 모든 것이 준비되었나이다 하매 다 일치하게 사양하여 한 사람은 이르되 나는 밭을 샀으매 아무래도 나가 보아야 하겠으니 청컨대 나를 양해하도록 하라 하고 또 한 사람은 이르되 나는 소 다섯 겨리를 샀으매 시험하러 가니 청컨대 나를 양해하도록 하라 하고 또 한 사람은 이르되 나는 장가들었으니 그러므로 가지 못하겠노라 하는지라."(눅 14:16~20)

다른 바쁜 일에 시간을 뚝 떼어 가야 되기 때문에 왕의 잔치에는 못 가겠다고 거절했습니다. 모든 사람은 자기가 정한 우선순위가 있습니다. 자신을 위한 시간, 다른 사람을 위한 시간, 하나님을 위한 시간, 당신은 어떤 시간을 우선순위에 두고 있습니까?

자기가 잘 났다고 설치며 돌아다니는 똑똑한 사람과 바쁜 사람은 하나님께 뭉치 시간을 낼 수 없습니다. 그래서 하나님은 그분만 의지하며 시간을 뚝 떼어 기도하는 자 곧 미련한 자, 연약한 자, 어리석은 자를 택하여 그에게 기름 부어 사용하시는 것입니다.

"종이 돌아와 주인에게 그대로 고하니 이에 집 주인이 노하여 그 종에게 이르되 빨리 시내의 거리와 골목으로 나가서 가난한 자들과 몸 불편한 자들과 맹인들과 저는 자들을 데려오라 하니라. 종이 이르되 주인이여 명하신 대로 하였으되 아직도 자리가 있나이다. 주인이 종에게 이르되 길과 산울타리 가로 나가서 사람을 강권하여 데려다가 내 집을 채우라. 내가 너희에게 말하노니 전에 청하였던 그 사람들은 하나도 내 잔치를 맛보지 못하리라 하였다 하시니라. 수많은 무리가 함께 갈새 예수께서 돌이키사 이르시되 무릇 내게 오는 자가 자기 부모와 처자와 형제와 자매와 더욱이 자기 목숨까지 미워하지 아니하면 능히 내 제자가 되지 못하고 누구든지 자기 십자가를 지고 나를 따르지 않는 자도 능히 내 제자가 되지 못하리라."(눅 14:21~27)

사람들이 지금은 돈 벌기에 바쁘니까 일단 돈부터 많이 벌고 성공하면 그 돈으로 하나님을 위해 뭔가를 하겠다고 말합니다. 하지만 돈보다 더 귀한 것인 시간입니다. 시간은 곧 생명입니다. 하나님께는 돈이 필요한 것이 아닙니다. 금도 은도 천산의 생축도 모두 하나님의 것입니다. 하나님이 원하시는 것은 사람입니다. 어떤 사람입니까? 하나님을 위해 뭉치 시간을 드리는 사람입니다.

하나님은 시간을 뚝 떼어 기도하는데 보내는 사람을 쓰십니다.

이것보다 더 귀한 시간은 세상 어디에도 없습니다. 이것은 결코 '거룩한 낭비'가 아닙니다. '거룩한 저축'입니다. 사람들은 우정이 쌓이고 신뢰도 쌓인다고 말합니다. 이처럼 당신은 기도를 통해 하나님과의 우정과 신뢰를 쌓아야 합니다. 거룩한 저축을 해야 합니다. 영의 저축을 해야 합니다. 그것은 비록 작지만 거기에 하나님의 기적이 더해지므로 상상할 수 없는 복이 쏟아지는 것입니다.

나는 요셉처럼 수입의 오분의 일을 저축했는데 그것은 작은 돈이었습니다. 하지만 거기에 하나님이 기적을 더하시므로 백배, 천배의 복을 받았습니다. 지금 나는 시간의 오분의 일을 저축하고 있습니다. 시간의 오분의 일을 기도하는데 보내기로 작정한 것입니다. 당신에게도 꼭 그렇게 많이 기도하라는 것은 아닙니다. 단지 매일 습관을 좇아 30분이든, 1시간이든 시간을 뚝 떼어 기도하는 것은 매우 중요하기 때문에 꼭 그렇게 결단하기를 바랍니다.

나는 다시 한 번 당신에게 기도하라고 부탁합니다.

"뭉치 시간을 뚝 떼어 기도에 푹 빠지라."

당신은 생명보다 귀한 시간을 어디에 가장 많이 씁니까?

왜 다른 것을 하기 위해서는 시간을 뚝 떼면서 기도하는 일에는 시간을 뚝 떼지 않습니까? 과연 분주하고 바쁜 삶이 성공일까요? 아닙니다. 예수님은 군중이 몰려올 때 결단하고 그들을 떠나 시간을 뚝 떼어 하나님께 기도하기 위해 감람산으로 따로 가셨습니다.

군중을 떠났다는 것은 "마음에 작정하고 움직였다"는 것입니다.

예수님은 습관을 좇아 기도하셨고 바쁜 중에도 하던 일을 다 멈추고 시간을 뚝 떼어 오래 기도하셨습니다. '습관'이란 매일 정해진 시간에 어떤 일을 꾸준히 하는 것을 말합니다. 예수님은 딱 한 가지 습관을 가지고 계셨는데 그것은 곧 '기도 습관'입니다.

지금 당신 안에 계신 예수님은 '기도자'이십니다. 그러므로 당신도 예수님이 기도하신 것처럼 습관을 좇아 기도해야 합니다.

하나님과 교제하기 위해 시간을 뚝 떼라

만왕의 왕이신 하나님께서 그분의 어린 양 예수님을 십자가에 매달아 죽이시고 당신을 위한 잔치를 베푸셨습니다. 예수님은 당신의 죄와 목마름, 병과 가난, 어리석음과 징계와 죽음을 다 짊어지고 십자가에서 피와 땀과 눈물을 쏟으며 "다 이루었다"고 외치며 죽으셨습니다. 그리고 당신을 위해 의와 성령 충만, 건강과 부요함, 지혜와 평화와 생명이라는 풍성한 상을 베풀어 주셨습니다.

예수님을 구주로 믿는 순간 당신의 잔이 넘치게 됩니다.

또한 하나님은 예수를 구주로 믿음으로 죄를 사함 받고 성령으로 거듭나 그분의 자녀가 된 당신에게 "무엇이든지 기도하고 구하라"고 말씀하시며 '기도의 방'으로 초청하셨습니다.

"너는 기도할 때에 네 골방에 들어가 문을 닫고

은밀한 중에 계신 네 아버지께 기도하라.
은밀한 중에 보시는 네 아버지께서 갚으시리라."(마 6:6)

하지만 수많은 그리스도인들이 은밀한 기도의 골방에 들어가지 않습니다. 왜 그럴까요? 바깥으로 돌아다니며 사람들을 만나기에 너무 바빠서 혼자 골방에서 기도할 시간이 없다는 것입니다.

당신의 하루 일과를 살펴보십시오. 사람들을 만나고 온갖 행사를 치르기 위해서는 서슴없이 뭉치 시간을 뚝 떼어 움직입니다.

장을 보고 요리하기 위해 시간을 뚝 뗍니다.
아르바이트해서 돈을 벌려고 시간을 뚝 뗍니다.
책을 읽고 책을 쓰기 위해 시간을 뚝 뗍니다.
텔레비전이나 영화를 보기 위해 시간을 뚝 뗍니다.
세미나를 열거나 참석하기 위해 시간을 뚝 뗍니다.
거래처 사람들을 만나기 위해서 시간을 뚝 뗍니다.
게임이나 운동을 하기 위해 시간을 뚝 뗍니다.
여행하고 산책하기 위해 시간을 뚝 뗍니다.

그렇습니다. 사람들은 육신을 위해서는 시간을 잘 뗍니다. 아르바이트하기 위해 한나절을 뚝 떼고 골프 치기 위해 하루를 뚝 떼고 여행하기 위해 며칠을 뚝 뗍니다. 기도하기 위해서도 그렇게 시간을 뚝 뗄 수 있어야 합니다. 시간이 없다고요? 시간은 저절로 생기는 것이 아니라 뜻을 정하고 만들어야 하는 것입니다. 다른 것을 할 시간은 만드는데 왜 기도할 시간은 만들지 않습니까?

다니엘도 하루에 세 번씩 기도하겠다고 뜻을 정했습니다.

그 당시에 다니엘보다 더 바쁜 사람은 없었을 것입니다.

사람들은 눈에 보이는 급하다고 생각하는 일, 중요하다고 생각하는 일에는 어떻게든 시간을 만듭니다. 하지만 눈에 보이지 않는 하나님께 기도하기 위해서는 시간을 뚝 떼려고 하지 않습니다. 다니엘처럼 뜻을 정하고 매일 기도할 시간을 만드십시오. 기도는 만왕의 왕이신 하나님과 단 둘이 대화하며 시간을 보내는 것입니다.

당신은 혹시 온갖 핑계를 대며 기도하는 것을 뒤로 미루지 않습니까? 육신은 영의 일을 싫어합니다. 그러므로 육신의 저항을 다스리고 영의 일을 하겠다고 결심해야 합니다. 육신과 영의 중간에 마음이 있습니다. 마음으로 결단하고 영의 일을 시작해야 합니다.

지금 해야 할 기도를 나중으로 미루지 마십시오. 오늘 해야 할 기도를 내일로 미루지 마십시오. 매일 30분이나 1시간 이상 뚝 떼어 기도하십시오. 예수님은 베드로에게 "네가 한 시간도 깨어 있을 수 없더냐? 시험에 들지 않게 깨어 있어 기도하라"(막 14:37)고 명령하셨습니다. 나는 매일 1시간에서 7시간까지 시간을 뚝 떼어 기도합니다. 하나님은 당신에게 기도하기 위해 뭉치 시간을 뚝 떼라고 요청하십니다. 내일부터가 아닌 오늘부터입니다.

예수님은 습관을 좇아 시간을 뚝 떼어 오래 기도하셨습니다.

새벽 미명에 기도하셨고 밤이 새도록 기도하셨습니다.

"시간을 뚝 떼어 기도하는 것은 율법주의가 아닌가요?"

그렇지 않습니다. 율법주의는 하나님께 받아들여지기 위해 인간의 행위를 보태는 것을 말합니다. 나는 예수 그리스도의 보혈을 통해 이미 하나님께 완전히 받아들여졌기 때문에 더 이상 하나님께 받아들여지기 위한 어떤 행위도 보태지 않습니다. 내가 시간을 뚝 떼어 기도하는 것은 내 안에 계신 성령님이 모자라서가 아닙니다. 성령님은 내 안에 한강처럼 넘쳐흐르고 있습니다.

내 안에 의가 넘칩니다. 성령이 넘칩니다. 건강이 넘칩니다. 부요가 넘칩니다. 지혜가 넘칩니다. 평화가 넘칩니다. 생명이 넘칩니다. 그런데 왜 내가 습관을 따라 시간을 뚝 떼어 기도할까요?

그것은 내 영을 더욱 강하게 하고 다른 사람을 구원하고 치료하기 위해서입니다. 인간의 몸을 입고 오신 예수님도 그랬습니다. 그분은 자신과 함께 계신 성령님이 모자라기 때문에 성령을 더 받으려고 기도하신 것이 아니었습니다. 예수님은 자신에게 있는 의와 성령 충만, 건강과 부요함, 지혜와 평화와 생명이 모자라기 때문에 그것을 조금이라도 더 보태려고 기도하신 것이 아닙니다. 예수님은 조금도 부족함이 없는 분이셨고 항상 잔이 넘치는 분이셨습니다. 하지만 공생애를 시작하면서부터는 기도하셨습니다.

그 이전에는 30년간 기도했다는 구절이 없습니다. 29세, 28세, 27세, 26세, 25세, 그 이전까지도 습관을 따라 한적한 곳에 가서 기도했다는 내용이 없습니다. 새벽 미명에 기도했다거나 밤을 새며 기도했다는 내용도 없습니다. 그분은 비록 인간의 몸을 입고 이 땅에 오셨지만 어릴 때부터 하나님의 아들로서 아무것도 부족한 것이 없었습니다. 10세든, 20세든 그분은 항상 넘쳤습니다.

더욱 놀라운 사실은 예수님이 30세가 되어 공생애를 시작하기 전까지는 한번도 마을에서 전도했다거나 회당에서 가르쳤다거나 악한 영을 쫓아냈다거나 병든 사람이나 약한 사람을 고친 적이 없었다는 것입니다. 아직 성령이 임하지도 않았고 본격적인 기도 생활도 하지 않으셨던 기간입니다. 하지만 요단강에서 세례 요한에게 세례를 받은 후에 하늘 문이 열리고 성령이 비둘기처럼 임한 다음에는 상황이 달라졌습니다. 예수님은 성령에 이끌려 광야로 가서 마귀에게 시험을 받으셨고 사탄을 물리치셨습니다. 회당에서 이사야 선지자의 예언을 읽은 즉시 영적 전쟁을 선포하셨습니다.

"주의 성령이 내게 임하셨으니 이는 가난한 자에게 복음을 전하게 하시려고 내게 기름을 부으시고, 나를 보내사 포로 된 자에게 자유를, 눈 먼 자에게 다시 보게 함을 전파하며, 눌린 자를 자유롭게 하고, 주의 은혜의 해를 전파하게 하려 하심이라 하였더라. 책을 덮어 그 맡은 자에게 주시고 앉으시니 회당에 있는 자들이 다 주목하여 보더라. 이에 예수께서 그들에게 말씀하시되 이 글이 오늘 너희 귀에 응하였느니라 하시니……."(눅 4:18~21)

이때부터 예수님은 천국 복음을 전하고 귀신을 쫓아내고 병든 자와 약한 자들을 고치기 시작하셨습니다. 성령의 권능으로 일하시는 예수님에 대한 소문이 널리 퍼지자 군중들이 몰려왔고 이에 예수님은 그들을 돕기 위해 따로 오래 기도하기 시작하셨습니다.

예수님은 새벽에도 기도하시고, 낮에도 기도하시고, 밤에도 기도하셨습니다. 몰려오는 군중을 떠나 마음에 작정하고 홀로 한적한 곳에 가서 오래 기도하셨습니다. 때로는 밤을 새우며 기도하셨습니다. 예수님은 습관을 좇아 감람산에 가서 기도하셨습니다.

예수님이 왜 그렇게 기도하셔야 했을까요? 기도하지 않아도 모든 것이 넘치는 분이신데 말입니다. 그렇습니다. 예수님 자신에게는 부족한 것이 하나도 없었고 모든 것이 넘쳤지만, 전도하고 가르치고 병을 고치기 위해 미리 시간을 뚝 떼어 기도하셨습니다.

이렇게 예수님처럼 시간을 뚝 떼어 기도에 푹 빠지는 것은 율법주의 행위가 아닙니다. 예수님은 자신의 부족함을 채우기 위함이 아닌 복음을 들어야 할 사람들을 위해, 또한 아버지의 뜻을 온전히 수행하기 위해 간절히 기도하셨던 것입니다. 그리고 예수님은 복음을 전하고 귀신을 내쫓고 병을 고치기 위해 자신의 영이 강해져야 함을 아셨고 이를 위해 홀로 오래 기도하셨던 것입니다.

예수님은 우리와 똑같은 육신을 가지셨습니다. 그분은 100퍼센트 하나님이기도 했지만 100퍼센트 인간이기도 했습니다. 예수님은 100퍼센트 인간으로서 성령님과 동업하셨고, 하나님 아버지께 기도하고 응답 받고, 하나님의 음성을 듣고 순종하셨습니다.

예수님은 아버지가 보여주시는 것만 말하였고 아버지가 시키는 일만 순종하셨습니다. 예수님은 스스로 아무것도 할 수 없었습니다. 어떻게 보면 많은 경우 예수님은 100퍼센트 인간으로 사역하셨습니다. 예수님은 성령님이 없이는 아무것도 하실 수 없었고 하나님 아버지의 음성을 듣지 않고는 아무것도 하실 수 없었습니다.

우리가 예수님처럼 시간을 뚝 떼어 기도에 푹 빠져야 하는 이유가 여기에 있습니다. 그것은 바로 우리가 기도를 통해 하나님 아버지의 뜻을 온전히 알고 행할 수 있기 때문이며, 또한 기도를 통해 성령을 힘입어 복음을 담대히 전할 수 있기 때문입니다.

당신 자신만 위해서는 예수님이 십자가에서 다 이룬 복음을 믿기만 하면 됩니다. 그러면 의와 성령 충만, 건강과 부요함, 지혜와 평화와 생명이 넘쳐 나게 됩니다. 나는 그런 풍성한 삶을 매일 살고 있고 내 마음은 말할 수 없이 행복합니다. 그런 내가 예수님처럼 시간을 뚝 떼어 기도하는 것은 나 자신을 위함이 아닙니다.

기도를 통해 내 영을 강하게 만들고 또한 성령의 나타남이 더욱 풍성하게 하기 위함입니다. 나는 성령 안에서 오래 기도합니다. 모자라기 때문에 채우려고 기도하는 '율법주의 행위의 기도'가 아닙니다. 내 안에서 예수를 믿음으로 생수의 강이 철철 넘치기 때문에 그 넘쳐 나는 생수의 강을 따라 행복한 마음으로 기도합니다.

내가 하는 기도는 예수의 땀과 피와 눈물을 짓밟고 나의 땀과 피와 눈물을 내세우기 위한 기도가 아닙니다. 내 의를 내세우기 위해 나의 땀과 피와 눈물을 흘리며 고행하고 도를 닦는 '억지로 하는 기도'가 아닙니다. 내 안에서 흘러넘치는 성령의 생수의 강을 따라 행복이 넘쳐서 끝도 없이 흘러나오는 영의 기도입니다.

육신을 입고 오신 예수님은 시간을 뚝 떼어 기도에 푹 빠지셨습니다. 그분은 오래 기도하셨습니다. 육신을 입고 사는 나도 시간을 뚝 떼어 기도에 푹 빠집니다. 나도 오래 기도합니다.

예수님은 습관을 따라 감람산에 기도하러 가셨습니다.

나도 예수님처럼 습관을 따라 골방에 기도하러 갑니다.

"예수께서 나가사 '습관을 따라' 감람산에 가시매 제자들도 따라갔더니 그 곳에 이르러 그들에게 이르시되 유혹에 빠지지 않게 기도하라 하시고……."(눅 22:39~40)

당신도 예수님처럼 기도하는 습관을 가지십시오.

정시기도와 무시기도, 둘 다 필요하다

당신은 정시기도와 무시기도, 두 가지를 다 하고 있습니까?

대영제국과 아일랜드 연합왕국과 인도의 여왕이었던 빅토리아 여왕(Victoria, 1819년 ~ 1901년)은 무시기도를 즐겨 했습니다.

그는 64년의 재위 기간 동안 안정적인 왕권을 수립하였는데, 그러면서도 평생 기도와 말씀 묵상을 게을리 하지 않았습니다.

한 사람이 빅토리아 여왕에게 물었습니다.

"여왕 폐하, 폐하께서는 하루에 몇 번씩 기도하십니까?"

"하루에 한 번 기도합니다."

"네? 믿음이 좋은 폐하께서 하루에 한번밖에 기도를 안 하신다니요? 이해가 되지 않습니다. 정말입니까?"

"네, 나는 새벽에 일어나면서부터 저녁에 잠들 때까지 시간적으로는 한번만 기도합니다. 다시 말해 나는 하루 종일 기도합니다."

그에게는 기도 시간이 따로 정해져 있지 않았습니다.

"그러면 우리도 기도 시간을 따로 정하지 않아도 되겠네요."

그렇지 않습니다. 한 사람의 인생만 보고 단정하면 안 됩니다.

성경에 나오는 예수님과 베드로, 바울과 실라의 인생도 보아야 합니다. 예수님은 습관을 좇아 감람산에 가서 기도하셨고 베드로도 기도 시간이 정해져 있었습니다. 예수님은 바쁘신 중에도 시간을 뚝 떼어 한적한 곳에 가서 습관을 따라 기도하셨고 이에 병을 고치는 주의 능력이 예수님과 함께 했습니다.

"예수의 소문이 더욱 퍼지매 수많은 무리가 말씀도 듣고 자기 병도 고침을 받고자 하여 모여 오되 예수는 물러가사 한적한 곳에서 기도하시니라. 하루는 가르치실 때에 갈릴리의 각 마을과 유대와 예루살렘에서 온 바리새인과 율법교사들이 앉았는데 병을 고치는 주의 능력이 예수와 함께 하더라."(눅 5:15~17)

베드로와 요한은 기도 시간에 성전에 올라갔습니다. 기도하고 나올 때가 아닌 기도하러 들어갈 때 앉은뱅이를 고쳤지만 그들은 평소에 습관을 따라 시간을 정해 놓고 기도했음이 분명합니다.

"제 구 시 기도 시간에 베드로와 요한이 성전에 올라갈 새 나면서 못 걷게 된 이를 사람들이 메고 오니 이는 성전에 들어가는 사람들에게 구걸하기 위하여 날마다 미문이라는 성전 문에 두는 자라."(행 3:1~2)

바울과 실라는 새로운 선교지에 가면 가장 먼저 기도할 곳을 찾았고 기도하러 가다가 점치는 귀신 들린 여종을 고쳤습니다.

"안식일에 우리가 기도할 곳이 있을까 하여 문 밖 강가에 나가 거기 앉아서 모인 여자들에게 말하는데…… 우리가 기도하는 곳에 가다가……."(행 16:13~16)

바울이 기도를 많이 하므로 더 큰 능력, 더 많은 능력을 받아 기도처에서 나올 때 귀신 들린 여종을 고친 것이 아닙니다. 바울이 기도하고 나올 때가 아니라 기도하러 갈 때부터 벌써 성령님은 역사하셨고 귀신이 정체를 드러냈습니다. 귀신은 바울의 영력이 아닌 '오직 믿음과 예수 이름' 때문에 쫓겨 나갔습니다.

예수님은 분명히 '기도를 7시간 한 자들에게'라고 말씀하지 않고 '믿는 자들에게, 내 이름으로 이런 표적이 따른다'고 말씀하셨습니다. '믿음과 예수 이름'이 권능이 나타나는 비결입니다.

"믿는 자들에게는 이런 표적이 따르리니 곧 그들이 내 이름으로 귀신을 쫓아내며 새 방언을 말하며 뱀을 집어올리며 무슨 독을 마실지라도 해를 받지 아니하며 병든 사람에게 손을 얹은즉 나으리라 하시더라."(막 16:17~18)

능력은 기도 시간과 비례하지 않는다

어떤 목사님은 기도를 강조하기 위해 이런 말을 했습니다.

"성령의 능력은 기도 시간과 비례한다. 1시간 기도한 사람에게는 한 동이의 기름 부음과 권능이 나타나고 7시간 기도한 사람에게는 일곱 동이의 기름 부음과 권능이 나타난다."

그렇지 않습니다. 만약 그렇다면 성령의 권능과 기름 부음을 사기 위해 내가 매일 시간을 정해 놓고 땀과 피와 눈물을 흘리며 육체로 값을 지불해야 하는 것입니다. 이것은 예수님이 성전에서 채찍을 휘두르셨던 '매매신앙'에 해당되며, 육체의 행위이고 율법주의입니다. 성령님은 하나님입니다. 하나님을 시간당 얼마의 돈을 주고 살 수 있을까요? 마법사 시몬이 베드로에게 하나님의 성령을 돈 주고 사려고 했다가 저주 받은 사건을 기억하십시오.

"기도와 금식을 더 많이 할수록 더 큰 능력을 받지 않나요? 1시간 기도보다는 2시간 기도하는 것이 더 큰 능력을 받고 또 3시간이나 7시간을 기도하면 더 큰 능력을 받지 않나요?"

아닙니다. 그것은 인간의 노력으로 능력을 키우려는 행위입니다. "시간당 얼마를 받는다"는 식의 '알바 마인드'입니다. 이러한 알바 마인드로 능력을 받기 위해 기도하는 사람이 의외로 많습니다. "노동한 시간만큼 얼마의 돈을 더 받는다"는 식의 알바 마인드를 기도에 적용해서 "기도한 시간만큼 얼마의 성령을 더 받는다"고 말하지 마십시오. 기도는 노예의 노동이 아닌 자녀의 특권입니다. 하나님을 더 많이 얻기 위해 시간당 얼마에 해당하는 노동을 지불해야 한다는 말씀은 성경 어디에도 없습니다.

이것은 하나님 앞에서 행하는 큰 악이며 저주를 받습니다.

"내 백성이 두 가지 악을 행하였나니 곧 그들이 생수의 근원되는 나를 버린 것과 스스로 웅덩이를 판 것인데 그것은 그 물을 가두지 못할 터진 웅덩이들이니라."(렘 2:13)

구원도 믿음으로 성령의 능력을 받는 것도 믿음으로입니다.

"너희에게 성령을 주시고 너희 가운데서 능력을 행하시는 이의 일이 율법의 행위에서냐 혹은 듣고 믿음에서냐."(갈 3:5)

능력은 '기도 시간'이 아닌 '오직 믿음'에 의해서입니다.

"더 큰 믿음을 얻기 위해 기도를 많이 해야 하지 않나요?"

그렇지 않습니다. 기도를 많이 한다고 더 큰 믿음이 생기지는 않습니다. 믿음은 들음에서 나고 들음은 그리스도의 말씀으로 말미암기 때문입니다. 또한 이미 가진 믿음이 더 커지는 것은 '당신이 믿는 것을 말함으로서'입니다. 하루에 7시간을 기도하는 것보다 7초 동안 그리스도의 말씀 곧 복음을 믿는 것이 낫습니다.

기도는 시간을 채우기 위해 하는 것이 아닙니다. 시간 채우기 기도를 한 사람은 꼭 "내가 오늘 몇 시간 기도했다"는 식의 자랑을 합니다. 남다른 자기의 종교 행위가 자랑 거리가 된 것입니다. 그런 것은 자기 안에 살아 계신 예수 그리스도를 자랑하지 않고 자기 육체를 자랑하는 것이므로 하나님이 싫어하십니다.

기독교 신앙은 '높은 수준이나 깊은 경지'가 없습니다. 오직 내 안에 실제로 살아 계신 그리스도를 믿는 믿음만 있을 뿐입니다.

"믿음으로 말미암는 의는 이같이 말하되, 네 마음에 누가 하늘에 올라가겠느냐 하지 말라 하니 올라가겠느냐 함은 그리스도를 모셔 내리려는 것이요 혹은 누가 무저갱에 내려가겠느냐 하지 말라 하니 내려가겠느냐 함은 그리스도를 죽은 자 가운데서 모셔 올리려는 것이라. 그러면 무엇을 말하느냐? 말씀이 네게 가까워 네 입에 있으며 네 마음에 있다 하였으니 곧 우리가 전파하는 믿음의 말씀이라."(롬 10:6~8)

당신 안에 살아 계신 예수 그리스도를 믿는 믿음을 굳게 지키십시오. 예수님이 십자가에서 당신 대신 피와 땀과 눈물을 쏟으며 죽으시고 부활하시므로 모든 값을 다 지불하셨습니다. 예수님이 십자가에서 외치신 "다 이루었다"(요 19:30)는 말씀은 '다 지불했다. 끝마쳤다. 완성했다. 달성했다'는 뜻입니다. 거대한 건물이 완전히 다 지어지고 마지막으로 머릿돌이 박혔다는 말입니다.

더 이상 하나라도 당신이 지어 올려야 할 벽돌은 없습니다.

의로워지는 것도 믿음, 능력이 나타나는 것도 믿음입니다.

믿음으로 시작해서 믿음으로 끝나는 것이 복음입니다.

"복음에는 하나님의 의가 나타나서 믿음으로 믿음에 이르게 하나니 기록된 바 오직 의인은 믿음으로 말미암아 살리라 함과 같으니라."(롬 1:17)

오직 모든 일에 믿음으로 기도하고 믿음으로 구하십시오.

한 번 기도하고 구한 것은 받았다고 믿고 마음에 조금도 의심하지 마십시오. 그러면 기도하고 구한 그대로 될 것입니다.

예수님은 "너희는 기도할 때 많은 말을 하려고 애쓰지 마라. 하나님은 너희가 이방인들처럼 말을 많이 해야 들으시는 분이 아니다. 너희가 구하기도 전에 이미 있어야 할 줄 아신다. 오직 믿음으로 구하고 마음에 조금도 의심하지 마라"고 말씀하셨습니다.

물론 나도 어떤 때는 7시간, 10시간, 그 이상을 기도할 때도 있습니다. 하지만 그것은 특별한 필요에 의해 성령에 이끌려 기도하는 경우입니다. 그렇지 않고 장시간의 기도를 매일 도달해야 할 11번째 계명처럼 목표로 정해 놓고 달려가는 것은 믿음의 행위가 아닌 육신의 행위이며, 하나님의 아들을 짓밟고 자기를 거룩하게 한 언약의 피를 부정한 것으로 여기고 은혜의 성령을 욕되게 하는 악한 행위입니다. 그런 사람은 저주와 형벌을 받습니다.

"하물며 하나님의 아들을 짓밟고 자기를 거룩하게 한 언약의 피를 부정한 것으로 여기고 은혜의 성령을 욕되게 하는 자가 당연히 받을 형벌은 얼마나 더 무겁겠느냐? 너희는 생각하라."(히 10:29)

기도 시간과 믿음, 기도 시간과 능력은 비례하지 않습니다.

믿음과 능력은 오직 내 안에 실제로 살아 계신 그리스도를 통해 나타납니다. 내 안에 실제로 살아 계신 예수님은 세상에 있는 자보다 억만 배나 크신 분입니다. 크신 예수님을 믿으십시오.

"자녀들아. 너희는 하나님께 속하였고 또 그들을 이기었나니 이는 너희 안에 계신 이가 세상에 있는 자보다 크심이라."(요일 4:4)

내 안에 살아 계신 예수님은 세상에 있는 자 곧 모든 왕과 관원, 정치가와 대기업 회장, 이단과 적그리스도, 부모 자녀, 친척 친구, 직장 상사보다 크신 분입니다. 모든 사람과 사건과 문제보다 크신 분입니다. 천군 천사와 마귀, 귀신들보다 크신 분입니다.

기독교 국가인 미국에도 이단 종파가 5000개나 됩니다. 하지만 예수 그리스도는 그들보다 억만 배나 더 크신 분입니다.

한국에도 자기가 메시아라는 '이단'과 예수 믿는 사람들을 다 잡아 죽이겠다는 '적그리스도'가 큰 세력을 갖고 있습니다. 하지만 거기에는 구원이 없습니다. 구원은 오직 예수 그리스도에게만 있습니다. 그러므로 대회로 모이는 이단과 적그리스도를 바라보지 말고 그들보다 더 크신 예수 그리스도를 바라봐야 합니다. 그분을 바라볼 때 두려움이 사라지고 기쁨이 가득해집니다.

나는 매일 기도할 때 예수님을 찬양하며 이렇게 기도합니다.

"예수님, 사랑합니다. 나의 의가 되신 예수님, 나의 생수의 강이 되신 예수님, 나의 건강이 되신 예수님, 나의 부요가 되신 예수님, 나의 지혜가 되신 예수님, 나의 평화가 되신 예수님, 나의 생명이 되신 예수님, 예수님을 사랑합니다. 예수님은 세상에 있는 모든 자보다 크신 분입니다. 세상에 있는 사탄과 미혹의 영, 귀신들보다 억만 배나 크신 예수님, 세상에 있는 이단과 적그리스도보다 억만 배나 크신 예수님, 세상에 있는 왕과 관원들, 대기업 회장들보다, 오늘 해결해야 할 돈 문제보다 억만 배나 크신 예수님, 이 세상 모든 것보다 크신 예수님이 내 안에 살아 계시니 감사합니다. 예수님, 사랑합니다. 예수님, 감사합니다. 예수님, 찬양합니다. 예수님, 믿습니다."

우주에서 가장 크신 예수 그리스도가 당신 안에 실제로 들어와 계신 것을 믿으십시오. 그분은 하늘과 땅의 모든 권세를 가지고 당신 안에 들어와 계십니다. 그분은 하나님의 권능과 기름 부음을 모두 가지고 당신 안에 들어와 계십니다. 그러므로 더 많은 권능과 기름 부음을 소유하려고 노력하거나 애쓰지 마십시오.

이미 당신 안에 와 계신 크신 예수 그리스도를 믿으십시오.

"예수께서 대답하여 이르시되 너희가 성경도, 하나님의 능력도 알

지 못하는 고로 오해하였도다."(마 22:29)

당신도 혹시 하나님의 능력에 대해 오해하고 있지 않습니까?

잘못된 가르침과 교훈을 버리고 온전한 복음을 믿으십시오.

"성령의 권능과 기름 부음에 관해서는, 더 많이 가지려고 애쓰는 것이 아니라 더 많이 행동하려고 애써야 한다."

성령을 더 많이 가지려고 오랜 시간 울며 기도하지 마십시오.

그 대신 성령을 더 많이 나타내기 위해 복음을 전하고 손을 내밀며 행동하십시오. 당신이 그렇게 믿음으로 행동하면 할수록 성령의 권능과 기름 부음은 더 많이, 더 강하게 나타날 것입니다.

기도는 성령의 이끌림을 따라 하나님과 함께 시간을 보내는 것입니다. 능력의 근원은 내 안에 실제로 살아 계신 예수 그리스도를 믿는 믿음이지 내가 정한 기도 시간을 채운 결과가 아닙니다.

기도는 수동으로 발전기를 돌리는 행위가 아닙니다. 3시간, 7시간 동안 발전기를 돌려야 우리 안에 살아 계신 그리스도의 능력이 역사하여 바깥으로 나타나는 것이 아닙니다. 우리 안에 계신 그리스도는 '자가 발전기'입니다. 그분은 스스로 계신 분이며 끝없이 솟아나는 샘물입니다. 생수의 강 같은 성령의 권능과 기름 부음이 당신 안에 계속 흐르고 있음을 믿어야 합니다.

나는 기도 시간과 상관없이 성령의 권능이 나타납니다.

1시간 기도할 때나 7시간 기도할 때나 동일하게 권능이 나타나며 내가 복음을 믿고 예수 이름으로 손을 내밀면 사람들에게서 귀신이 쫓겨 나가고 병이 낫고 새 방언을 말하게 됩니다.

며칠 전에도 '겨자씨 만한 작은 믿음과 예수 이름으로 말미암아' 몇 사람에게 있는 귀신이 쫓겨 나갔습니다. 내가 예수 이름으로 그들에게 손을 얹자 귀신이 정체를 드러내며 말했습니다.

"내가 얘를 죽이려고 들어왔는데 왜 나를 쫓아내려고 해? 얘는 우울증으로 물에 뛰어내려 자살할 거야."

"얘는 일곱 살 때 뺨 맞을 때 내가 들어왔어. 이 아이의 심장을 내가 쥐고 있는데 계속 괴롭히다가 죽일 거야."

내가 "예수 이름으로 명한다. 나가"라고 말하며 안수하자 귀신이 쫓겨 나갔고 두 사람 모두 깨끗이 치료되었습니다.

"권능과 기름 부음은 오직 믿음과 예수 이름으로 나타난다."

이 말을 꼭 기억하고 마음에 새기십시오.

이미 완전한 능력이신 크신 예수 그리스도가 우리 안에 들어와 살고 계십니다. 그러므로 우리는 그분을 사랑하는 마음으로 기도해야 합니다. "그러면 도대체 어떻게 기도하라는 거예요?"

나는 어떻게 기도하면 좋을지 성령님께 물었습니다.

"성령님, 제가 어떻게 기도하면 될까요?"

"아들아, 무시기도와 정시기도 두 가지를 다 해라. 때를 얻든지 못 얻든지 기도하고, 무시로 성령 안에서 기도하고, 한적한 곳에 가서 기도하고, 습관을 좇아 기도하고. 쉬지 말고 기도해라."

그렇습니다. 당신도 두 가지를 다 하십시오.

생명의 떡이신 예수님이 당신 안에 들어와 계신다고 성경을 읽지 않아도 되는 것이 아닙니다. 시간을 내어 성경을 통독하고 암송하고 공부해야 합니다. 생기의 영이신 성령님이 당신 안에 들어와 계신다고 기도하지 않아도 되는 것이 아닙니다. 뭉치 시간을 내고 따로 한적한 곳에 가서 기도에 푹 빠져야 합니다.

나는 어떤 일이 있을 때마다 그리고 습관적으로 매일 따로 한적한 곳에 가서 내 마음에 있는 모든 것을 그분께 말씀드립니다.

"아무 것도 염려하지 말고 다만 모든 일에 기도와 간구로, 너희 구할 것을 감사함으로 하나님께 아뢰라. 그리하면 모든 지각에 뛰어난 하나님의 평강이 그리스도 예수 안에서 너희 마음과 생각을 지키시리라."(빌 4:6~7)

"아무것도 염려하지 말라"는 말씀은 "모든 것에 염려가 일어난다. 하지만 그런 염려에 빠져 있지 말고 모든 일에 기도와 간구로 너희가 원하는 것을 감사함으로 하나님께 아뢰라"는 말씀입니다.

"하나님을 잘 믿으면 염려가 하나도 없어야 하지 않나요?"

"염려가 없는 것이 아니라 염려를 맡길 하나님이 함께 계신다."

그렇습니다. 내가 하나님을 경외하며 그분을 잘 섬긴다고 해서 아무 문제도 없고 아무 염려도 일어나지 않는 것은 아닙니다. 오히려 하나님을 경외하고 잘 믿기 때문에 세상 사람과 문제에 대해 밤낮으로 부딪히는 것입니다. 그것을 하나님이 주시는 지혜와 능력으로 잘 헤쳐 나가기 위해 나는 기도합니다.

"모든 일에 염려가 일어나지만 모든 일에 기도와 간구로, 너희 구할 것을 감사함으로 하나님께 아뢰라. 그러면 모든 지각에 뛰어난 하나님의 평강이 너희 마음과 생각을 지키실 것이다"라고 하신 것입니다. 그래서 나는 기도합니다. 염려가 일어날 때도 기도하고 감사한 일이 있어도 기도합니다. 크고 작은 문제가 있어도 기도하고 문제가 없어도 기도합니다. 쉬지 않고 기도합니다. 마음으로 기도하고 영으로 기도합니다. 기도를 통해 내 모든 짐을 하나님께 맡깁니다. 그래야 살아갈 수 있습니다.

"네 짐을 여호와께 맡기라. 그가 너를 붙드시고 의인의 요동함을 영원히 허락하지 아니하시리로다."(시 55:22)

당신이 하나님을 잘 믿고 있다 할지라도 짐이 생깁니다.

인생은 살아 있는 동안 매일 예기치 못한 짐들의 연속입니다. 어제 없었던 짐이 오늘 새로 생깁니다. 세계적인 문제, 국가적인 문제, 동네 문제, 자신의 배우자와 돈과 건강에 대한 문제, 부모 자녀, 친척 친구, 직장 동료에 대한 문제, 장래에 대한 문제가 날마다 새로 생깁니다. 그때마다 하나님을 찾고 바라보아야 합니다. 인생은 새로운 문제의 연속입니다. 살아 있는 사람은 앞으로 나아가며 성장하고 그때마다 새로운 문제에 부딪힙니다. 그럴 때마다 심한 스트레스를 받고 낙심됩니다. 나도 그렇습니다.

그럴 때 어떻게 하면 그 새로운 문제를 해결할 수 있을까요?

사람의 힘과 능으로 안 됩니다. 두 가지를 기억해야 합니다.

첫째, 날마다 자아가 죽어야 합니다.

"형제들아, 내가 그리스도 예수 우리 주 안에서 가진 바 너희에 대한 나의 자랑을 두고 단언하노니 나는 날마다 죽노라."(고전 15:31)

둘째, 날마다 우리 짐을 지시는 주 곧 우리의 구원이신 하나님을 찬미해야 합니다.

"날마다 우리 짐을 지시는 주 곧 우리의 구원이신 하나님을 찬송할지로다."(시 68:19)

모든 것은 당신 밖에서 일어난 문제입니다. 당신은 변함없이 당신 안에 실제로 살아 계신 예수님을 바라보아야 합니다. 그분을 믿고 사랑해야 합니다. 예수님만이 당신의 사랑이십니다.

당신 밖에 있는 사람들 때문에 숨이 콱콱 막힙니까? 당신 안에 계신 예수님을 바라보고 사랑하면 숨통이 탁 트일 것입니다.

그러기 위해서 입을 열어 기도하십시오. 습관을 좇아 따로 한적한 곳에 가서 기도하십시오. 예수님께 사랑한다고 고백하십시오. 나는 한적한 곳에 가서 기도하는 내내 이렇게 고백합니다.

"예수님, 사랑합니다. 감사합니다. 찬양합니다. 믿습니다."

예수님을 영원히 변함없이 사랑하기 바랍니다.

이성 교제와 결혼, 술과 음식에 대해

당신은 지금 하늘을 멋지게 날고 있나요?

인생이란 비행기가 하늘을 잘 날려면 반드시 두 개의 날개가 있어야 합니다. 어떤 날개일까요? '성공과 성결'이라는 은빛 날개입니다. 둘 중에 하나라도 문제가 생기면 비행기는 즉시 추락하고 맙니다. 먼저 성공을 위해서는 '믿음'이 필요합니다.

"믿음은 바라는 것들의 실상이요 보지 못하는 것들의 증거다"라고 말씀했습니다. 나는 하나님께 믿음의 은사를 구했고 받았습니다. 그리고 지금까지 수많은 문제에 부딪혔지만 믿음으로 그 문제를 다 해결했습니다. 오늘도 하나님께서 말씀하셨습니다.

"매일 아침마다 내게 '오늘은 어떻게 살까요?'라고 묻지 마라. 내가 너에게 '두려워하지 말고 믿음으로 살아라'고 말했으면 너는 내 음성을 기억하고 매일 두려워하지 말고 믿음으로 살아라. 돈 문제에 대해서도 내가 네게 '부담 갖지 마라'고 말했으면 내 음성을 기억하고 매일 부담 갖지 말고 즐겁게 돈 문제를 해결하라. 내가 한 번 말했으면 잊지 말고 내 말을 매일 기억하라. 나의 자원은 끝이 없다. 나는 없는 것을 있는 것처럼 불러낸다."

모든 성공의 비결은 '믿음'입니다. 하지만 그것은 한쪽 날개에 불과합니다. 성공을 유지하며 멋지게 하늘을 날려면 또 하나의 날개가 필요한데 그것은 바로 '성결'입니다. 성결을 잃는 순간 그동안 얻었던 모든 성공이 한 순간에 다 무너집니다.

성결에는 '성적인 성결'과 '영적인 성결'이 있습니다.

성적인 성결은 곧 성범죄를 짓지 말아야 한다는 것이고 영적인 성결은 우상 숭배를 하지 말아야 한다는 것입니다. 이 두 가지는 하나님이 가장 싫어하시고 가장 크게 여기시는 큰 악이요 큰 죄입니다. 요셉은 성범죄를 큰 악이요 죄라고 말했습니다.

"내가 어찌 이 큰 악을 행하여 하나님께 죄를 지으리이까?"

"그 후에 그의 주인의 아내가 요셉에게 눈짓하다가 동침하기를 청하니 요셉이 거절하며 자기 주인의 아내에게 이르되 '내 주인이 집안의 모든 소유를 간섭하지 아니하고 다 내 손에 위탁하였으니 이 집에는 나보다 큰 이가 없으며 주인이 아무것도 내게 금하지 아니하였어도 금한 것은 당신뿐이니 당신은 그의 아내임이라. 그런즉 내가 어찌 이 큰 악을 행하여 하나님께 죄를 지으리이까?' 여인이 날마다 요셉에게 청하였으나 요셉이 듣지 아니하여 동침하지 아니할 뿐더러 함께 있지도 아니하니라."(창 39:7~10)

요셉은 꿈꾸는 자였습니다. 그것도 "이미 다 이루어졌다"(막 11:24)는 '믿음의 꿈'을 꾸었습니다. 그는 "해와 달과 열한 별이 자기에게 절할 것이다"라는 미래형 소망의 꿈이 아닌 "해와 달과 열한 별이 자기에게 절했다"는 과거형 믿음의 꿈을 꾸었습니다.

그는 믿음의 비행기를 탔던 것입니다. 믿음의 비행기에는 '성공'이라는 하나의 날개가 아닌 '성공과 성결'이라는 두 개의 날개가 달려 있었습니다. 아무리 크게 성공해도 성결이 무너지면 끝입니다. 아무리 멋진 차 벤츠를 몰아도 그 안에 부부가 아닌 다른 이성을 태우고 돌아다니면 큰 죄를 짓는 것입니다. 절대로 부부가 아닌 다른 이성을 차에 태우고 돌아다니지 말아야 합니다.

일등석 비행기에 앉아서 성범죄를 짓는 사람
최고급 호텔에 묵으면서 성범죄를 짓는 사람
메르세데스 벤츠를 몰면서 성범죄를 짓는 사람
롤렉스시계를 차고 다니면서 성범죄를 짓는 사람
멋진 옷을 입고 수제 구두를 신고 성범죄를 짓는 사람
넓은 아파트와 저택에 살면서 성범죄를 짓는 사람
아름다운 산과 바다, 여행지에서 성범죄를 짓는 사람
대기업과 일류 대학에서 성범죄를 짓는 사람

이것은 성공이 아닙니다. 타락이요 큰 죄요 큰 악입니다.

그러면 어떻게 해야 할까요? 그 모든 것을 받아 누리면서도 성령님과 친밀히 교제하며 성결한 삶을 살아야 합니다.

성공과 성결, 두 가지를 모두 소중하게 생각해야 합니다.

일등석 비행기에 앉아서도 영과 몸과 마음이 정결한 사람
최고급 호텔에 묵으면서도 영과 몸과 마음이 정결한 사람
메르세데스 벤츠를 몰면서도 영과 몸과 마음이 정결한 사람
롤렉스시계를 차고 다니면서도 영과 몸과 마음이 정결한 사람
멋진 옷에 수제 구두를 신고도 영과 몸과 마음이 정결한 사람
넓은 아파트와 저택에 살면서도 영과 몸과 마음이 정결한 사람
아름다운 산과 바다, 여행지에서도 영과 몸과 마음이 정결한 사람
대기업과 일류 대학에 다니면서도 영과 몸과 마음이 정결한 사람

이런 사람을 하나님이 기뻐하십니다. 하나님이 말씀하십니다.

"네 자신을 지켜 정결하게 하라."(딤전 5:22)

하나님은 우리가 그분의 자녀로서 어떤 성공과 부요를 누리든 정죄하지 않으십니다. 하지만 그 안에서 죄를 짓는 것은 아주 미워하고 진노하십니다. 소돔과 고모라처럼 불로 멸망시키십니다.

성결한 삶을 살기 위해서는 성범죄를 짓지 말아야 합니다.

성범죄(性犯罪)는 '성에 관련된 모든 범죄'를 가리킵니다.

요셉은 어떻게 성범죄로부터 자신을 지켰습니까?

첫째, 여인의 눈짓을 받지 않았습니다. 눈짓을 은연히 즐기며 주고받는 사람이 있습니다. 눈짓을 주고받는 것도 죄입니다. 눈은 그 사람의 영혼의 창입니다. 음란한 사람은 눈짓을 통해 음란을 발산합니다. 애인이라도 결혼하기 전까지는 "내 눈을 봐"라며 눈빛을 주고받지 말아야 합니다. 눈빛은 예수님께만 줘야 합니다.

불꽃같은 눈동자를 가지신 예수님이 당신에게 말씀하십니다.

"너의 눈빛을 나에게 다오. 다른 어떤 사람에게도 주지 마라."

둘째, 결혼하기 전의 이성의 몸은 모든 사람에게 금해졌다는 것을 기억해야 합니다. 요셉은 날마다 유혹하는 보디발의 아내에게 분명히 말했습니다. "당신의 몸은 내 손에 금해졌다."

셋째, 성범죄를 짓는 것이 큰 악이요 죄라고 말해야 합니다.

아브라함, 이삭, 야곱은 성범죄를 큰 악이요 죄라고 여기지 않았고 그렇게 말하지도 않았습니다. 아브라함은 자기 아내를 누이라고 두 번이나 속여 성범죄에 노출시켰고 이삭도 그랬습니다.

하나님은 성범죄를 큰 죄로 여기셨고 아브라함의 아내 사라를 건드리면 가만 두지 않겠다고 하셨고 이삭의 아내 리브가에 대해서도 그러셨습니다. 야곱은 7년간 라헬에게 푹 빠져 연애했지만 그녀의 몸을 만지지 않았습니다. 그는 라헬을 순수하게 사랑했고 그녀의 몸을 소중히 여겼기 때문에 결혼할 때까지 기다렸습니다.

하지만 그의 외삼촌 라반은 우상을 숭배하고 점치는 자였으므로 성범죄를 작은 일로 여겨 큰 딸 레아를 조카 야곱의 혼인 침소에 집어넣었습니다. 한 번 그런 일을 겪자 야곱도 성범죄에 대한 인식이 무디어졌습니다. 그래서 결혼한 후에 첩을 가졌고 결국 네 명의 아내를 통해 12명의 자녀와 딸 디나를 낳았습니다.

하나님은 성범죄를 큰 악과 죄로 여기셨는데 아브라함, 이삭, 야곱, 3대에 흐르는 동안 그들 모두 성범죄를 가벼운 일로 여겼습니다. 그러다가 요셉의 때에 와서야 비로소 성범죄를 하나님의 수준과 같이 무거운 일로 여겼습니다. 요셉이 말했습니다.

"내가 어찌 이 큰 악을 행하여 하나님께 죄를 지으리이까?"

하나님은 그런 요셉을 기뻐하셨습니다. 당신의 성결의 기준은 어느 정도입니까? 죄악이 관영한 세상 사람들의 기준입니까? 하나님을 떠나 사탄에게 끌려 다니는 우상 숭배자들의 기준입니까?

믿음의 조상이라 불리는 아브라함, 그리고 이삭과 야곱의 기준입니까? 하나님의 기준은 성적인 문제에 대해 정결한 것입니다.

아브라함과 이삭과 야곱에 대해서는 하나님께서 "네가 어찌 이 큰 악을 행하여 내게 죄를 짓느냐?"라고 하셨습니다. 하지만 그들은 그러한 하나님의 마음을 이해하지 못했습니다. 그들의 믿음은 컸지만 온전히 거룩한 삶을 살지 못했습니다. 하나님은 요셉이 "내가 어찌 이 큰 악을 행하여 하나님께 죄를 지으리이까?"라고 고백했을 때 기뻐하셨습니다. 당신도 이렇게 말해 보십시오.

"내가 어찌 이 큰 악을 행하여 하나님께 죄를 지으리이까?"

넷째, 요셉이 하나님 앞에서 행한 처세술을 배워야 합니다.

"요셉이 듣지 아니하여, 동침하지 아니할뿐더러, 함께 있지도 아니하니라."(창 39:10) 당신도 이 세 가지를 꼭 지키십시오.

첫째, 성적인 유혹의 말을 듣지 마십시오.
둘째, 이성과 동침하지 마십시오.
셋째, 이성과 단 둘이 함께 있지도 마십시오.

"난 괜찮아"라며 교만 떨지 마십시오.

"사람이 불을 품에 품고서야 어찌 그의 옷이 타지 아니하겠으며 사람이 숯불을 밟고서야 어찌 그의 발이 데지 아니하겠느냐? 남의 아내와 통간하는 자도 이와 같을 것이라. 그를 만지는 자마다 벌을 면하지 못하리라. 도둑이 만일 주릴 때에 배를 채우려고 도둑질하면 사람이 그를 멸시하지는 아니하려니와 들키면 칠 배를 갚아야 하리니 심지어 자기 집에 있는 것을 다 내주게 되리라. 여인과 간음하는 자는 무지한 자라. 이것을 행하는 자는 자기의 영혼을 망하게 하며 상함과 능욕을 받고 부끄러움을 씻을 수 없게 되나니 남편이 투기로 분노하여 원수 갚는 날에 용서하지 아니하고 어떤 보상도 받지 아니하며 많은 선물을 줄지라도 듣지 아니하리라."(잠 6:27~35)

"어느 정도까지는 스킨십을 해도 괜찮지 않나요?"

그렇지 않습니다. 결혼하기 전까지는 스킨십(피부 접촉)을 하지 말아야 합니다. "그를 만지는 자마다 벌을 면하지 못하리라"(잠 6:29)고 했기 때문입니다. 성경은 "부부 외의 모든 이성은 서로 만지지 마라. 만지는 자마다 벌을 면치 못하리라"고 말씀합니다. 살을 만지는 것은 결혼한 부부끼리만 허락된다는 사실을 분명히 기억해야 합니다. 많은 사람들이 이런 선이 없이 행동합니다.

"사랑하면 당연히 어느 정도의 스킨십은 해야 하지 않나요? 사랑하면 손도 잡고 키스도 하고 껴안기도 하고 성관계도 해야 하지 않나요? 그래야 진짜 사랑이죠. 그런 것도 없이 어떻게 사랑한다고 말할 수 있나요? 그건 너무 엄격한 기준이 아닌가요?"

"사랑하면"이 아닙니다. "결혼하면"입니다. 성경은 말씀합니다.

"결혼하면 손도 잡고 키스도 하고 껴안기도 해라. 결혼하면 성관계도 해라. 그러나 결혼하기 전에 그런 걸 하는 것은 깨끗한 사랑이 아니다. 너의 몸이 배우자가 아닌 다른 이성에 의해 더러워지는 것이다. 결혼하기 전에 한 번 더러워진 사람은 결혼하고 난 이후에도 더러운 삶을 여러 번 반복하게 된다."

서로 껴안는 것도 부부간에만 허락된 것입니다. 수천 년 전 구약의 하나님을 믿지 않는 이방인들도 당연히 그렇게 여겼습니다.

"이삭이 거기 오래 거주하였더니 이삭이 그 아내 리브가를 껴안은 것을 블레셋 왕 아비멜렉이 창으로 내다본지라. 이에 아비멜렉이 이삭을 불러 이르되 그가 분명히 네 아내거늘 어찌 네 누이라 하였느냐? 이삭이 그에게 대답하되 내 생각에 그로 말미암아 내가 죽게 될까 두려워하였음이로라. 아비멜렉이 이르되 네가 어찌 우리에게 이렇게 행하였느냐? 백성 중 하나가 네 아내와 동침할 뻔하였도다. 네가 죄를 우리에게 입혔으리라. 아비멜렉이 이에 모든 백성에게 명하여 이르되 이 사람이나 그의 아내를 범하는 자는 죽이리라 하였더라."(창 26:8~11)

이삭은 그의 아버지 아브라함처럼 성범죄에 대한 개념이 없었습니다. 그래서 세상 사람이 자기를 해할까 두려워 눈치를 보면서 자기 아내를 누이라고 속였습니다. 오히려 세상 사람인 블레셋 왕 아비멜렉이 성범죄를 큰 죄로 여기며 두려워했습니다.

부부가 껴안지 남매가 껴안지 않습니다.
부부가 껴안지 부녀가 껴안지 않습니다.
부부가 껴안지 애인이 껴안지 않습니다.
부부가 껴안지 친구가 껴안지 않습니다.

당신은 누구와 매일 껴안습니까?

"부녀는 껴안아도 되지 않나요?"

결혼한 후에 당신의 남편에게 물어보십시오.

"나는 아빠를 사랑하는데 하루에 한 번씩 꼭 껴안아도 돼?"

그러면 분명히 "안 돼"라고 말할 것입니다.

껴안는 것은 부부간에만 하는 스킨십입니다.

만약 당신의 남편이 이렇게 말한다면 기분이 어떨까요?

"나는 엄마를 사랑하는데 하루에 한 번씩 꼭 껴안아도 돼?"

"당신, 미쳤어. 절대로 안 돼. 당신은 나와만 껴안아야 돼."

"어릴 때는 매일 엄마를 꼭 껴안았는데 지금은 왜 안 돼?"

"유치원 때는 괜찮지만 지금은 안 돼."

이해되십니까? 엄마 아빠도 이성입니다. 왜 선조들이 '남녀칠세부동석'(男女七歲不同席)이란 말을 썼을까요? 이 말은 지금도 흔히 쓰는 말입니다. 글자대로 풀면 남녀는 7세가 되면 자리를 같이하지 않아야 한다는 말인데 성적인 감정을 느끼기 때문입니다.

아버지와 딸, 어머니와 아들 간에도 7세가 넘으면 서로 껴안거나 같이 침대에서 이불을 덮고 누워 쉬지 말아야 합니다.

1997년에 나온 영화 〈올가미〉는 아들을 너무 사랑하는 시어머니와 새로 들어온 며느리와의 목숨 건 아들 쟁탈전을 그린 것입니다. 여기서 엄마는 아들을 남자로 여기고 사랑하며 목욕까지 시켜 주었고 그것을 며느리가 목격하며 충격을 받게 됩니다. 50대의 엄마가 30대의 아들을 이성으로 여기는 것, 30대의 엄마가 10대의 아들을 이성으로 여기는 것은 하나님 앞에서 큰 죄입니다.

목욕탕도 만 5세를 혼욕 금지로 정하고 있습니다.

나는 두 아들과 함께 목욕탕에 안 간지 10년이 넘었습니다.

노아의 아들 함은 아버지의 하체를 보고 떠들었지만 셈과 야벳은 아버지의 하체를 보지 않고 뒷걸음쳐 들어가서 가렸습니다.

"노아가 농사를 시작하여 포도나무를 심었더니 포도주를 마시고 취하여 그 장막 안에서 벌거벗은지라. 가나안의 아버지 함이 그의 아버지의 하체를 보고 밖으로 나가서 그의 두 형제에게 알리매, 셈과 야벳이 옷을 가져다가 자기들의 어깨에 메고 뒷걸음쳐 들어가서 그들의 아버지의 하체를 덮었으며 그들이 얼굴을 돌이키고 그들의 아버지의 하체를 보지 아니하였더라."(창 9:20~23)

혼자 목욕하지 못하는 아기 때는 아빠와 함께 목욕탕에 가지만 어느 정도 성장하면 서로의 하체를 보지 않는 것이 좋습니다.

치매나 암에 걸려 어쩔 수 없이 똥오줌 받아 내며 병 수발해야 하는 경우가 아니라면 부모의 나체를 보지 말아야 합니다.

하나님은 어떤 종류의 성범죄든 그것을 큰 죄로 여기십니다.

하나님은 남녀 간에, 그리고 장성한 성인 간에 성(性)을 존중하기를 원하십니다. 내 아내도 두 딸과 목욕탕에 가지 않습니다.

온몸이 아파서 상처를 꼭 확인해야 할 경우에는 예외입니다.

당신의 어머니와 아버지, 아들과 딸의 성을 존중하십시오.

집에서도 가족과 함께 있으면 속옷을 잘 챙겨 입으십시오.

외출할 때 속옷이나 알몸이 비치는 옷을 입지 마십시오.

성적인 공기를 발산하며 다니지 마십시오.

약간 여유 있는 옷으로 하나씩 바꾸라

당신은 어떤 옷을 즐겨 입습니까?

혹시 몸매가 노골적으로 드러나는 옷을 즐겨 입지 않습니까?

오늘부터는 몸매보다 약간 헐렁한 옷으로 하나씩 바꾸기 바랍니다. 그게 건강에도 좋고 더 아름답고 우아하고 지성적으로 보입니다. 몸이 노골적으로 드러나면 천박해 보입니다.

요즘 5, 60대 아줌마들이 다이어트에 성공해서 몸매 좀 만들었다고 피부에 찰싹 달라붙는 레깅스를 입고 길거리를 활보하는데 아주 꼴불견입니다. 얼마 전에 제2롯데월드 앞 벤치에 50대 아줌마들이 레깅스를 입고 둘러 앉아 대화를 나누는 것을 보았는데 요가를 하다 바로 나온 사람들로 보이지는 않았습니다.

오늘 아침에도 카페에 앉아 있는데 창밖으로 핑크색 레깅스를 입은 60대 초반으로 보이는 아줌마 한 명이 지나가는 것을 보았는데 헤어스타일과 상의를 볼 때 운동하다 나온 상태가 아니었습니다. 그들 모두 외출복으로 그 옷을 입고 다니는 듯했습니다.

레깅스는 집안에서나 헬스장에서 운동할 때만 입어야 합니다. 몸매가 노골적으로 드러나는 레깅스나 핫팬츠, 의도적으로 속옷이나 알몸이 훤히 비치는 옷을 입고 돌아다니는 것은 '섹스어필'(sex-appeal, 성적인 흥분을 불러일으키며 유혹하는 몸짓)하는 것입니다. 예쁜 몸매를 살리고 싶더라도 조금 여유 있는 헐렁한 핏으로 된 옷을 사서 입고 치마를 입을 때는 속바지와 속치마를 잘 챙겨 입고 속이 비치는지 거울 앞에서 몇 번이나 확인하고 또 햇

볕을 등지고 서서 가족에게 확인해 달라고 부탁해야 합니다.

하나님의 교회를 섬기는 제사장들은 특히 옷을 잘 입어야 합니다. 절대로 하체가 드러나지 않도록 조심해야 합니다. 앞에서 섬기는 설교자나 반주자, 찬양 인도자는 몸매가 노골적으로 드러나는 옷을 삼가는 것이 좋습니다. 몸매가 노골적으로 드러나면 예배하는 성도들 입장에서는 자꾸 마음이 쓰이기 때문입니다.

하나님은 제사장들에게 속바지를 입되 하체가 드러나지 않도록 넓적다리까지 덮어 입으라고 하셨습니다.

"또 그들을 위하여 베로 속바지를 만들어 허리에서부터 두 넓적다리까지 이르게 하여 하체를 가리게 하라."(출 28:42)

제사장에게 있어서 허리부터 두 넓적다리까지는 드러내는 부위가 아닌 가리는 부위입니다. 오늘부터라도 가리기 시작하십시오.

어제까지 즐겨 입었던 몸매가 노골적으로 드러나는 꽉 끼는 옷들은 모두 골라내 수선하든지, 아니면 재활용 상자에 넣어 정리하십시오. 그리고 하나님께 옷값을 구해서 약간 헐렁한 옷들을 하나씩 새로 구입하기 시작하십시오. 나도 그렇게 하고 있습니다.

얼마 전에도 좀 민망해 보이는 꽉 끼는 바지 두 개를 버렸고 오늘도 내가 평소에 즐겨 입었고 입을 때마다 기분이 좋았던 스키니진 하나를 재활용 통에 넣었습니다. 나는 깨달음을 얻으면 고민하지 않고 바로 실천합니다. 내 안에 계신 예수님이 내가 좋아하는 옷보다 억만 배나 크신 분이기 때문입니다.

"낮에와 같이 단정히 행하고 방탕하거나 술 취하지 말며 음란하거나 호색하지 말며 다투거나 시기하지 말고 오직 주 예수 그리스도로 옷 입고 정욕을 위하여 육신의 일을 도모하지 말라."(롬 13:13~14)

모든 것을 품위 있게 하고 질서 있게 하라

어떤 사람은 이렇게 말할 것입니다.

"조금 전에는 뭐든지 꿈꾸고 마음껏 구하라고 해 놓고선 지금은 또 옷을 마음대로 입지 말라니? 그러면 도대체 어떻게 하라는 거야? 하라는 거야 말라는 거야?"

코앞에 있는 한 가지만 보지 말고 전체를 봐야 합니다.

사도 바울은 방언과 예언을 잘하는 여자들에게 말했습니다.

"여자는 교회에서 잠잠하라. 그들에게는 말하는 것을 허락함이 없나니 율법에 이른 것 같이 오직 복종할 것이요. 만일 무엇을 배우려거든 집에서 자기 남편에게 물을지니 여자가 교회에서 말하는 것은 부끄러운 것이라. 하나님의 말씀이 너희로부터 난 것이냐? 또는 너희에게만 임한 것이냐? 만일 누구든지 자기를 선지자나 혹은 신령한 자로 생각하거든 내가 너희에게 편지하는 이 글이 주의 명령인 줄 알라. 만일 누구든지 알지 못하면 그는 알지 못한 자니라."(고전 14:34~38)

세상에서 자기가 가장 신령하다며 마음이 하늘 꼭대기까지 높아진 고린도 교인들, 그들 중에는 사도 바울의 '방언에 대한 기나긴 편지'를 읽고 무척이나 힘들어 한 사람이 있었을 것입니다.

"사도 바울이 우리가 늘 하고 있는 방언에 대해 왜 이렇게 꾸중하는 거야? 방언을 하라는 거야 말라는 거야? 잔소리를 들으니까 정신이 하나도 없네. 오늘부터 방언 안 할 거야."

바울은 방언을 하지 말라고 한 적이 없었는데 그들은 오해했습니다. 단지 교회 성도들 앞에 서서 가르치기 위해 방언을 말할 때 통역이 있어야 모든 사람이 이해할 수 있다고 했던 것입니다.

바울은 오히려 "방언 말하기를 금하지 말라"고 했습니다.

"나는 너희가 다 방언 말하기를 원하나 특별히 예언하기를 원하노라. 내가 너희에게 나아가서 방언을 말하고 계시나 지식이나 예언이나 가르치는 것으로 말하지 아니하면 너희에게 무엇이 유익하리요. 그러나 '교회에서 네가 남을 가르치기 위하여' 깨달은 마음으로 다섯 마디 말을 하는 것이 일만 마디 방언으로 말하는 것보다 나으니라. 그런즉 형제들아, 어찌할까? 너희가 모일 때에 각각 찬송시도 있으며 가르치는 말씀도 있으며 계시도 있으며 방언도 있으며 통역함도 있나니 모든 것을 덕을 세우기 위하여 하라. 그런즉 내 형제들아, 예언하기를 사모하며 방언 말하기를 금하지 말라. 모든 것을 품위 있게 하고 질서 있게 하라."(고전 14:5, 6, 19, 26, 39, 40)

부분적으로 생각하지 말고 전체를 보며 생각해야 합니다.

"군중을 가르치기 위해 마이크를 잡았을 때는 방언만 말하면 그들에게 야만인이 된다. 방언과 함께 통역도 하고 가르치는 말씀도 있어야 한다. 모든 것을 품위 있게 하고 질서 있게 하라."

"여자는 교회에서 잠잠하라"(고전 14:34)는 말씀도 그 구절만 딱 떼어 생각하면 문제가 생깁니다. 바로 앞에 붙어서 나오는 "모든 성도가 교회에서 함과 같이"(고전 14:33)라는 구절과 함께 읽어야 합니다. 전후 문맥을 보고 전체로 이해해야 합니다.

"모든 성도가 교회에서 함과 같이, 여자는 교회에서 잠잠하라."

하나님이 허락하지 않았는데 교회 앞에 나서서 말하겠다고 함부로 일어나 떠들지 말라는 것입니다. 질서를 지켜야 합니다.

"하나님은 무질서의 하나님이 아니시요 오직 화평의 하나님이시니라. 모든 성도가 교회에서 함과 같이, 여자는 교회에서 잠잠하라."

내가 가르친 내용도 전체를 보고 이해해야 합니다.
무조건 이성의 몸을 만지지 말라는 것이 아닙니다. 결혼하기 전과 결혼한 후로 나누어, 결혼하기 전에는 이성의 몸을 만지지 말라는 것입니다. 그것은 그 이성의 몸을 더럽히는 것입니다.

"결혼하기 전에는 이성의 몸을 존중하고 절대로 만지지 마라. 손을 만지거나 잡고 키스하고 껴안고 애무하고 성관계를 하는 것은 결혼 후에만 허락된 것이다. 이성의 몸은 오직 결혼한 부부에게만 허락된 것이다. 그 전에는 이성을 일절 깨끗하게 대하고 결혼할 때까지 기다려라. 모든 것을 품위 있게 하고 질서 있게 하라. 운전할 수 있는 나이가 되고 면허증이 있어야 운전이 허락되는 것과 같다."

"벤츠를 타지 말고 넓은 아파트에 살지 말라는 말이 아니다. 그곳에서 성범죄나 우상 숭배의 죄를 지으면 안 된다는 말이다. 하나님께 무엇이든 구하고 받아 누리되 부부가 아닌 다른 이성을 벤츠에 태우고 다니거나 집으로 초청해서 음행하면 안 된다. 성적으로나 영적으로 깨끗해야 한다. 모든 것을 품위 있게 하고 질서 있게 하라."

"반바지나 스키니 진, 모자, 슬리퍼, 미니스커트를 착용하지 말라는 말이 아니다. 그런 것은 개인 취향이다. 평소에는 때와 장소에 맞춰 취향대로 즐겨 입으면 된다. 산책할 때는 반바지를 입고 수영장에서는 핫팬츠를 입고 속옷으로는 레깅스를 입어도 된다. 그런 것은 죄와는 상관없다. 하지만 예배를 인도하는 지도자는 성도들의 유익을 위해 자제해야 한다. 모든 것을 품위 있게 하고 질서 있게 하라."

여기서 핵심적인 교훈은 "모든 것을 품위 있게 하고 질서 있게 하라"(고전 14:40)는 것입니다. 하나님은 질서의 하나님이십니다.
"나는 옷 잘 입는 능력이 있고 내 마음은 꿀단지처럼 사랑이 흘러넘쳐요. 내가 믿는 하나님은 사랑이시고 그 사랑의 기운을 온몸을 통해 발산하고 싶어요. 그러니 섹시하게 옷을 입을 거예요."
하나님은 당신에게 능력과 사랑, 두 가지만 주시지 않았고 절제하는 마음도 주셨습니다. 모든 일에 절제하고 질서를 지키십시오. 과유불급(過猶不及) "무엇이든 지나치면 아니한 만 못하다"고 했습니다. 모든 것을 적당하게 하고 질서대로 하십시오.

성령님, 어떤 내용을 넣고 뺄까요?

당신은 모든 일에 절제하는 마음을 잘 발휘하고 있습니까?
능력도 중요하고 사랑도 중요합니다. 하지만 절제하는 마음이 없으면 브레이크 없는 자동차와 같습니다. 하나님을 잘 섬기려면 사람을 두려워하는 마음이 없어야 하며 능력과 사랑이 많아야 합니다. 하지만 거기에 더해 '절제하는 마음'이 꼭 필요합니다.

"하나님이 우리에게 주신 것은 두려워하는 마음이 아니요 오직 능력과 사랑과 절제하는 마음이니……."(딤후 1:7)

책을 쓸 때도 "성령님, 어떤 내용을 쓸까요?"라고 묻는 것만 중요한 것이 아닙니다. "성령님, 어떤 내용을 뺄까요?"라고 묻는 것도 중요합니다. 그런데 많은 작가들이 매일 책을 쓰기 시작할 때 "어떤 내용을 쓸까요?"라고만 묻지 책을 다 쓴 후에 "어떤 내용을 뺄까요?"라고 묻지 않습니다. 그래서 큰 어려움을 당합니다.

책으로 내지 말고 혼자만 가슴에 담아 두어야 할 내용들이 많습니다. 그런 내용이라도 일단 책으로 쓰고 나면 자판을 두드린 것이 아까워서 한 줄도 빼지 않겠다고 고집을 부리게 됩니다. 자기 머리에 떠오른다고 무작정 정신없이 타이핑해서 그걸 다 책으로 내겠다고 고집 부리며 출간하면 나중에 큰 문제가 생깁니다.

나는 책을 쓴 후에 꼭 성령님께 묻습니다.

"성령님, 어떤 내용을 뺄까요?"

초고를 쓴 다음에도 즉시 두세 번 다시 읽으며 꼼꼼히 오타를 수정하면서 성령님께 첨삭에 대한 구체적인 내용을 묻습니다.

"어떤 내용을 뺄까요?" 그러면 성령님이 내 눈을 열어서 빼야 할 내용을 보여주십니다. 성령님께서 "이 내용은 빼라"고 하시면 가차 없이 뺍니다. 그것이 한 단어든, 한 줄이든, 한 문단이든, 한

장이든, 한 꼭지든 아낌없이 다 뺍니다. 첨삭할 때 내용을 넣는 것보다 빼는 것이 더 힘듭니다. 그래서 뺄 때 성령님을 더욱 의지하며 구체적으로 물어야 합니다. 당신도 물으십시오.

나는 30년 전에 나의 큰 꿈이 이루어질 것에 대해 성령님의 음성을 들은 내용이 있습니다. 하지만 그 내용을 20년이 지난 지금까지 매일 함께 산책하는 아내에게도 말하지 않았습니다. 왜일까요? 하나님과 나만 알아야 하는 내용이기 때문입니다. 입이 있다고 다 말하면 안 됩니다. 해야 할 말이 있고 하지 말아야 할 말이 있습니다. 손이 있다고 다 쓰면 안 됩니다. 써야 할 내용이 있고 쓰지 말아야 할 내용이 있습니다. 말과 글에 자제해야 합니다.

당신은 책을 쓸 때, 책을 쓴 후에 꼭 두 가지를 묻기 바랍니다.

"성령님, 어떤 내용을 쓸까요?"
"성령님, 어떤 내용을 뺄까요?"

절제하지 않으면 두 눈이 뽑힐 것이다

얼마 전에 〈삼손〉 영화를 봤는데 삼손도 능력과 사랑은 많았지만 절제하는 마음이 없었고 그로 인해 인생을 망쳤습니다. 삼손은 성인이 되어 이방 여인과 연애했습니다. 하나님의 말씀을 어기고 믿지 않는 자와 멍에를 멨던 것입니다. 멍에를 멘다는 것은 친구로 사귀는 것, 애인으로 연애하는 것, 결혼하는 것 등입니다.

"어머니, 하나님은 사랑이신데 왜 제가 블레셋 여인을 사랑하면 안 되나요? 저는 그 여인을 아내로 맞을 거예요.”

삼손은 믿지 않는 여자와 멍에를 맸고 저주를 받았습니다.

“삼손이 딤나에 내려가서 거기서 블레셋 사람의 딸들 중에서 한 여자를 보고 올라와서 자기 부모에게 말하여 이르되 내가 딤나에서 블레셋 사람의 딸들 중에서 한 여자를 보았사오니 이제 그를 맞이하여 내 아내로 삼게 하소서 하매 그의 부모가 그에게 이르되 네 형제들의 딸들 중에나 내 백성 중에 어찌 여자가 없어서 네가 할례 받지 아니한 블레셋 사람에게 가서 아내를 맞으려 하느냐 하니 삼손이 그의 아버지에게 이르되 내가 그 여자를 좋아하오니 나를 위하여 그 여자를 데려오소서 하니라.”(삿 14:1~3)

“삼손이 가사에 가서 거기서 한 기생을 보고 그에게로 들어갔더니…… 이 후에 삼손이 소렉 골짜기의 들릴라라 이름하는 여인을 사랑하매…….”(삿 16:1, 4)

들릴라는 삼손에게 “당신은 정말 사랑이 넘치는 대단한 인물이야”라고 부추기며 날마다 그 능력의 비밀을 알려 달라고 재촉하며 졸랐습니다. 삼손의 마음이 번뇌하여 죽을 지경이 되었습니다.

“들릴라가 삼손에게 이르되 당신의 마음이 내게 있지 아니하면서 당신이 어찌 나를 사랑한다 하느냐 당신이 이로써 세 번이나 나를 희롱하고 당신의 큰 힘이 무엇으로 말미암아 생기는지를 내게 말하지 아니하였도다 하며 날마다 그 말로 그를 재촉하여 조르매 삼손의 마음이 번뇌하여 죽을 지경이라.”(삿 16:15~16)

삼손은 유혹에 넘어가 모든 것을 **빼앗겼습니다.**

"블레셋 사람들이 그를 붙잡아 그의 눈을 **빼고** 끌고 가사에 내려가 놋 줄로 매고 그에게 옥에서 맷돌을 돌리게 하였더라."(삿 16:21)

당신도 성범죄, 불신 결혼, 술에 대해 절제하지 못하면 삼손처럼 두 눈이 **뽑히고** 하나님이 주신 능력도 잃고 돌에 깔려 죽습니다. "난 안 그래"라며 당신이 대단한 인물인 줄로 착각하지 마십시오. 하나님이 하지 말라는 것은 처음부터 하지 마십시오.

"사람의 마음이 계획하는 바가 어려서부터 악함이라."(창 8:21)

완고한 마음으로 불순종하려는 계획을 세우지 마십시오.
부드러운 마음으로 순종하려는 계획을 세우십시오.

'먹술이믿음 불새' 습관을 가지라

나는 순종에 대한 코치를 할 때 '먹술이믿음 불새' 일곱 가지를 가르칩니다. 이것을 마음에 새기고 성구도 암송하십시오.

먹지 말라고 하신 음식은 먹지 마라
술은 보지도 마라
이성은 만지지도 마라
믿지 않는 자와 멍에를 메지 마라
음녀의 집은 문 앞에도 가지 마라
불순종하기 위한 계획을 세우지 말고 순종하기 위한 계획을 세우라

새로운 좋은 습관을 가지라

첫째, 먹지 말라고 하신 음식은 먹지 마십시오.

"선악을 알게 하는 나무의 열매는 먹지 말라. 네가 먹는 날에는 반드시 죽으리라."(창 2:17)

아담과 하와는 하나님이 먹지 말라고 하신 음식을 먹으므로 불순종했습니다. 불순종의 결과는 엄청났습니다. 그들과 후손이 모두 사탄의 종, 죄의 종이 되고 말았습니다. 하나님이 먹지 말라고 하신 음식에 대해서는 일일이 따지며 대들지 말고 단순하게 순종하십시오.

'뭘 그렇게까지 깐깐하게 따져. 그냥 대충 먹으면 되지.'

그런 생각과 말은 벌써 당신의 마음에서 하나님의 말씀에 불순종하려는 계획을 세우고 있다는 증거입니다. 작은 것에 불순종하려고 계획을 세우는 자는 큰 것에도 불순종하려고 계획을 세웁니다. 에서가 팥죽 한 그릇에 장자권을 바꾸고 저주 받은 것을 기억하십시오.

하나님의 말씀을 비웃으면 저주 받고 모든 것을 잃게 됩니다.

하나님은 '곡채과 소양가생'(곡식, 채소, 과일, 소고기, 양고기, 가금류, 생선)등을 먹으라고 하셨고 개, 돼지고기, 뱀, 미꾸라지, 장어, 오징어, 문어, 낙지, 갯가재, 새우, 조개 등 바닥에 기어 다니는 것과 물에서 동하는 것들은 더러운 것이니 먹지 말라고 하셨습니다. 그런 부정한 것들을 먹으면 온갖 병이 생깁니다. 그리고 공장에서 대량으로 만든 화학 첨가물이 잔뜩 섞인 제품을 먹으면 반드시 죽습니다.

"먹으면 죽는다, 먹지 말라"는 것은 먹지 말고 순종하십시오.

하나님이 먹지 말라고 하신 것을 '먹지 않는 습관'을 가지려면 먼저 그것을 '보지 않는 습관'을 가져야 합니다. 하와는 하나님이 금하신 선악과를 먹기 전에 눈으로 보았습니다. 보면 탐심이 생기고 죄를 짓게 됩니다. 당신도 말씀에 순종하려면 '보지 않는 습관'을 가져야 합니다. "여자가 그 나무를 '본즉' 먹음직도 하고 보암직도 하고 지혜롭게 할 만큼 탐스럽기도 한 나무인지라. 여자가 그 열매를 '따먹고' 자기와 함께 있는 남편에게도 주매 그도 먹은지라."(창 3:6)

하나님이 먹지 말라고 하신 더러운 고기와 화학 첨가물이 담긴 제품은 보지 않는 습관을 가지십시오. 보지 말고 피하십시오. 출근, 외출, 산책, 여행, 운동하기 전에 꼭 집에서 배를 채우고 나가십시오.

둘째, 술은 보지도 마십시오.

"포도주는 붉고 잔에서 번쩍이며 순하게 내려가나니 너는 그것을 보지도 말지어다."(잠 23:31)

이 말씀의 전후 문맥은 포도주만 아니라 독주, 혼합주 등 모든 술에 대한 하나님의 단호한 명령입니다. 술은 보지도 마십시오. 술을 보면 그 술이 당신의 마음을 미혹하여 죄 짓고 타락하게 합니다. 하나님이 "술은 보지도 마라"고 말씀하셨으면 순종하고 보지 마십시오.

술을 보지 않는 습관을 가지십시오.

셋째, 이성의 몸은 만지지 마십시오.

"남의 아내와 통간하는 자도 이와 같을 것이라. 그를 만지는 자마다 벌을 면하지 못하리라."(잠 6:29)

'당신과 결혼한 여자' 외에 모든 여자는 남의 아내입니다. 그를 만지는 자마다 벌을 면하지 못할 것입니다. 손을 잡지 마십시오. 입술을 맞추거나 껴안거나 성관계를 갖지 마십시오. 만지지도 마십시오.

세상 사람들은 이렇게 말합니다. "사랑하면 손잡고 껴안고 키스하고 애무하고 섹스하고 동거하고 아기를 가지는 것 아닌가요?"

사탄과 미혹의 영은 그걸 부추기며 당장 그렇게 하라고 합니다.

하나님은 다르게 말씀하십니다. "사랑하면 이 아니다. 결혼하면 이다. 결혼하면 껴안고 키스하고 애무하고 섹스하고 동거하고 아기를 가지는 것이다. 결혼할 때까지 서로를 아끼고 소중히 여겨라."

'사랑하면'과 '결혼하면'은 다릅니다. 이성을 만지는 것은 결혼하고 난 다음에 해야 합니다. 그 이전까지는 서로의 몸과 마음을 정결하게 지켜야 합니다. 이성의 몸을 절대로 만지지 말고 보호하십시오. 이성의 몸을 만지지 않는 습관을 가지십시오.

넷째, 믿지 않는 자와 멍에를 메지 마십시오.
"너희는 믿지 않는 자와 멍에를 함께 메지 말라."(고후 6:14)
멍에를 메지 말라는 말씀은 다음의 네 가지 의미가 있습니다. "친구로 사귀지 마라. 연애하지 마라. 결혼하지 마라. 동업하지 마라."
"너희는 믿지 않는 자와 멍에를 함께 메지 말라"는 말씀의 그 다음 구절에 멍에를 맨다는 것에 대해 자세하게 설명되어 있습니다. '함께함, 사귐, 조화됨, 상관함, 일치됨' 등의 뜻입니다. "의와 불법이 어찌 함께 하며, 빛과 어둠이 어찌 사귀며, 그리스도와 벨리알이 어찌 조화되며, 믿는 자와 믿지 않는 자가 어찌 상관하며, 하나님의 성전과 우상이 어찌 일치가 되리요. 그러므로 너희는 그들 중에서 나와서 따로 있고 부정한 것을 만지지 말라."(고후 6:14~16, 17)
하나님과 친구로 사귀고 연애하고 연합하십시오. 세상 친구는 당신에게 필요 없습니다. 하나님이 필요 없다면 필요 없는 것입니다. 당신에게 '필요 없는 것들'에 대해 집착하지 말고 즉시 정리하십시오. 그들을 만나러 가지 마십시오. 그들과 사귀기 위해 말을 섞지 마십시오. 복음을 전하는 일 외에는 그들과 엮이지 마십시오.
믿지 않는 사람을 만나지 않는 습관을 가지십시오.

다섯째, 음녀의 집은 문 앞에도 가지 마십시오.
"네 길을 그에게서 멀리 하라. 그의 집 문에도 가까이 가지 말라."

(잠 5:8) 지혜 없는 미련한 사람이 음녀의 길로 가고 그의 집 문에 가까이 갑니다. 거기에 가면 큰 악에 빠지고 모든 것을 잃게 됩니다. 그 길과 집과 문을 멀리하십시오. 멀리 돌아서 딴 길로 다니십시오.

음녀의 집이 있다면 당신은 그 집의 길을 포기해야 합니다.

"왜 그 길을 포기하라는 거예요. 내가 자주 다니는 길인데요?"

"네 길을 그에게서 멀리 하라. 그의 집 문에도 가까이 가지 말라" 는 말씀에 순종하십시오. 그 길을 포기해도 다른 길이 많습니다. 하나님의 말씀에 순종하여 멀리 돌아서 다니십시오. 복 있는 사람은 길을 잘 선택합니다. 결코 죄인의 길에 서지 않습니다. 의로운 사람의 길은 여호와께서 지키시나 악인의 길은 파멸에 이를 것입니다.

음녀의 길과 그의 집 문을 멀리하는 습관을 가지십시오.

여섯째, 불순종하기 위한 계획을 세우지 말고 순종하기 위한 계획을 세우십시오. 우상 숭배, 안식일을 어기는 것, 도둑질, 혼외 섹스, 술 마시는 것 등은 죄의 결과입니다. 죄는 무엇일까요? 순종하지 않으려고 마음에 나쁜 계획을 세우는 것이 죄입니다. 그래서 예수님이 "사람이 마음으로 음욕을 품어도 간음했다. 마음으로 형제를 미워해도 살인했다"고 하신 것입니다. 당신의 마음에는 어떤 계획을 세웁니까? 잠언 4장 23절에 "무릇 지킬 만한 것보다 더욱 네 마음을 지켜라. 생명의 근원이 이에서 난다"고 했는데 마음을 어떻게 지킵니까? 하나님의 말씀에 순종하기 위한 좋은 계획을 세우면 됩니다. 순종하지 않으려고 나쁜 계획을 세우는 것은 당신의 탐심 때문이고 또 마귀의 거짓말 때문입니다. "탐심은 우상 숭배니라"(골 3:5)고 했습니다. 하나님이 금하신 것에 대한 탐심은 우상 숭배이며, 마귀의 거짓말은 당신을 죽이고 도둑질하고 멸망시키기 위함입니다. 에덴동산에서 마귀가 하와에게 다가와 하나님이 먹지 말라고 명하신 선악과를 따 먹는 나쁜 계획, 불순종의 계획을 세우도록 생각을 집어넣었습니다. 생각이 결과를 낳았습니다. 당신은 마음에 탐심을 버리고 마귀를 대적해야 합니다. 나는 매일 아침에 길을 걸으면서 이렇게 명령합니다.

"예수 그리스도의 이름으로 명하노니 악한 마귀와 미혹의 영들은 모두 결박을 받고 떠나갈지어다. 더러운 귀신들아, 떠나가라."

그리고 나의 사랑하는 주님께 이렇게 고백합니다.

"예수님, 사랑합니다. 주 예수님, 오늘도 순종하겠습니다."

꼭 기억하십시오. 순종하지 않는 것이 죄입니다. 하나님의 말씀에 불순종하려는 계획을 마음에 세우지 마십시오. 그런 나쁜 계획들이 있다면 지금 당장 다 버리십시오. 그런 만남과 모임에 대한 약속은 모두 취소하고 차단하십시오. 그들에게 좋은 사람으로 보이려고 변명하지 마십시오. 주님을 따를 때는 작별 인사도 필요 없습니다.

하나님이 가장 기뻐하시는 것은 당신의 큰 성공과 헌신이 아닙니다. 오직 그분의 음성을 듣고 순종하는 것입니다. 불순종하는 것은 점치는 죄와 같고 완고한 것은 사신 우상에게 절하는 죄와 같습니다.

"사무엘이 이르되 여호와께서 번제와 다른 제사를 그의 목소리를 청종하는 것을 좋아하심 같이 좋아하시겠나이까? 순종이 제사보다 낫고 듣는 것이 숫양의 기름보다 나으니 이는 거역하는 것은 점치는 죄와 같고 완고한 것은 사신 우상에게 절하는 죄와 같음이라. 왕이 여호와의 말씀을 버렸으므로 여호와께서도 왕을 버려 왕이 되지 못하게 하셨나이다 하니⋯⋯."(삼상 15:22~23)

불순종하려는 계획을 세우지 않는 습관을 가지십시오.

일곱째, 새로운 좋은 습관을 만드십시오.

순종하지 않겠다는 나쁜 습관을 버리고 순종하겠다는 좋은 습관을 가지십시오. 먹지 말라는 것은 먹지 않는 습관을 가지십시오. 술은 보지도 않는 습관을 가지십시오. 이성의 몸은 만지지도 않는 습관을 가지십시오. 믿지 않는 자와 멍에를 메지 않는 습관을 가지십시오.(믿지 않는 자와 친구로 사귀지 않는 습관, 믿지 않는 자와 연애하지 않는 습관, 믿지 않는 자와 결혼하지 않는 습관, 믿지 않는 자와 동업하지 않는 습관 등) 음녀의 집 문에는 가까이 가지 않는 습관을 가지십시오. 멀리 돌아서 딴 길로 가는 습관을 가지십시오. 하나님의 말씀은 작은 것이라도 순종하는 습관을 가지십시오. 새로운 좋은 습관을 만드는 습관을 가지십시오. "오늘부터 좋은 습관을 가지겠다"고 마음에 뜻을 정하고 두세 번만 실천하면 그것이 얼마 있지 않아 당신의 생활에 자리 잡게 됩니다. 습관이 인생을 형성합니다.

나는 나쁜 습관을 버리고 좋은 습관을 하나씩 만들었습니다.

사도 바울도 구습을 버리고 새로운 습관을 가지라고 말했습니다.

"너희는 유혹의 욕심을 따라 '썩어져 가는 구습'을 따르는 옛 사람을 벗어 버리고 오직 너희의 심령이 새롭게 되어 하나님을 따라 의와 진리의 거룩함으로 지으심을 받은 새 사람을 입으라."(엡 4:22~23)

그리고 새로운 습관의 종류에 대해 구체적으로 말했습니다.

"그런즉 거짓을 버리고 각각 그 이웃과 더불어 참된 것을 말하라. 이는 우리가 서로 지체가 됨이라. 분을 내어도 죄를 짓지 말며 해가 지도록 분을 품지 말고 마귀에게 틈을 주지 말라. 도둑질하는 자는 다시 도둑질하지 말고 돌이켜 가난한 자에게 구제할 수 있도록 자기 손으로 수고하여 선한 일을 하라. 무릇 더러운 말은 너희 입 밖에도 내지 말고 오직 덕을 세우는 데 소용되는 대로 선한 말을 하여 듣는 자들에게 은혜를 끼치게 하라. 하나님의 성령을 근심하게 하지 말라. 그 안에서 너희가 구원의 날까지 인치심을 받았느니라. 너희는 모든 악독과 노함과 분냄과 떠드는 것과 비방하는 것을 모든 악의와 함께 버리고 서로 친절하게 하며 불쌍히 여기며 서로 용서하기를 하나님이 그리스도 안에서 너희를 용서하심과 같이 하라."(엡 4:25~32)

이 내용을 짧게 짧게 끊어서 읽으면 이해가 잘됩니다.

"옛날 습관을 버리는 습관을 가지라. 마음을 새롭게 하는 습관을 가지라. 하나님을 따라 의와 진리의 거룩함으로 창조된 새사람답게 사는 습관을 가지라. 거짓을 버리는 습관을 가지라. 그 이웃과 더불어 참된 것을 말하는 습관을 가지라. 분을 내어도 죄를 짓지 않는 습관을 가지라. 해가 지도록 분을 품지 않는 습관을 가지라. 마귀에게 틈을 주지 않는 습관을 가지라. 도둑질하지 않는 습관을 가지라. 가난한 자를 구제하는 습관을 가지라. 가난한 자를 구제할 수 있도록 자기 손으로 수고하여 선한 일을 하는 습관을 가지라. 더러운 말은 입 밖에도 내지 않는 습관을 가지라. 오직 덕을 세우는 데 소용되는 대로 선한 말을 하여 듣는 자들에게 은혜를 끼치는 습관을 가지라. 하나님의 성령을 근심하게 하지 않는 습관을 가지라. 모든 악독과 노함과 분냄과 떠드는 것과 비방하는 것을 모든 악의와 함께 버리는 습관을 가지라. 서로 친절하게 하며 불쌍히 여기며 서로 용서하는 습관을 가지라. 주 안에서 하나님의 말씀에 순종하는 습관을 가지라.”

당신은 어떤 나쁜 습관을 버리고 새 습관을 가지겠습니까?

술을 보지 않는 습관을 가지십시오. 담배를 피우지 않는 습관을 가지십시오. 성경에서 금하는 더러운 식물이나 화학 첨가제를 넣은 음식을 먹지 않는 습관을 가지십시오. 믿지 않는 친구를 만나지 않는 습관을 가지십시오. 이성의 몸을 만지지 않는 습관을 가지십시오. 음녀의 길을 멀리 하는 습관을 가지십시오. 음란한 것을 보지 않는 습관을 가지십시오. 게임 시간을 줄이는 습관을 가지십시오. 돈을 저축하는 습관을 가지십시오. 청소하고 정리하는 습관을 가지십시오. 해가 떨어지기 전에 집에 들어가는 습관을 가지십시오. 운전할 때 교통법규를 어기지 않는 습관을 가지십시오. 작은 법규를 습관적으로 어기다가 대형 사고가 날 수도 있으니 특별히 이것을 명심하고 당장 습관을 바꾸십시오. 매일 자기 계발하고 산책하는 습관을 가지십시오. 성경 말씀을 읽고 묵상하고 암송하는 습관을 가지십시오. 예배 시간 30분 전에 교회에 가서 기도하는 습관을 가지십시오. 집밥을 챙겨 먹는 습관을 가지십시오. 부모님께 순종하고 "제가 뭐 도와드릴 일이 없나요?"라고 묻고 가정 일을 돕는 습관을 가지십시오. 주인이신 성령님께 묻고 그분의 음성을 듣고 순종하는 습관을 가지십시오. 그 외에도 당신이 생각할 때 나쁜 습관인데 이것은 고쳤으면 좋겠다고 여겨지는 것이 있으면 목록을 적고 새 습관을 만드십시오. 성령님과 함께 당신의 영혼, 마음, 몸, 가정, 미래를 위해 구체적으로 어떤 새 습관을 가져야 할지 깊이 생각하고 적고 실천하십시오. 지혜는 '하나님의 말씀에 순종하기 위해 행동하는 힘'입니다. 하나님의 말씀을 듣고도 실천하지 않는 것은 참된 지혜가 아닙니다. 날마다 마음을 새롭게 함으로 변화를 받으십시오. 하나님의 기뻐하시고 선하시고 온전하신 뜻이 무엇인지를 깨닫고 즐겨 순종하는 좋은 습관을 가지십시오. "너희가 즐겨 순종하면 땅의 아름다운 소산을 먹을 것이요."(사 1:19)

새로운 좋은 습관을 가지는 습관을 가지십시오.

인생은 꿈대로 믿음대로 다 됩니다

꿈과 소원 목록을 종류별로 적어라

당신은 어떤 꿈과 소원이 있습니까?

인생은 여행과 같습니다. 여행을 가려면 먼저 목적지를 정해야
합니다. 목적지를 정한 후에 그 비행기를 타고 앉아서 쉬기만 하
면 자동으로 목적지에 도착합니다. 인생도 목적지를 정확히 설정
해야 원하는 곳에 도착합니다. 목적지를 설정하는 것은 곧 '선택
하는 것'입니다. 인생은 선택입니다. 선택한 대로 인생이 펼쳐집
니다. 선택하는 것은 곧 '꿈과 소원을 갖는 것'입니다.

하나님은 당신에게 큰 꿈을 가지라고 말씀하십니다.

"내게 구하라. 내가 열방을 유업으로 주리니
네 소유가 땅 끝까지 이르리로다."(시 2:8)

하나님께 구하려면 먼저 자신이 원하는 것이 무엇인지를 정확하게 알아야 합니다. 자신이 원하는 것을 알면 구하게 되고 구하면 얻게 됩니다. 많은 사람들이 자신이 진정으로 원하는 것이 무엇인지 모르고 있습니다. 원하는 것을 모르니 구하지 않습니다.

당신이 얻지 못함은 구하지 않았기 때문입니다.

나는 노트에 여러 가지 꿈과 소원을 적었습니다.

지금도 계속 새로운 꿈과 소원을 적고 있습니다.

나는 그동안 꿈꾸고 소원하던 것들이 많이 이루어졌습니다.

여러 권의 책 쓰기, 출판사 차리기, 결혼하여 귀여운 딸 낳기, 좋은 집에서 살기, 전국으로 여행 다니기, 좋은 책 사서 읽기, 자기 계발에 투자하기, 매일 여유 있게 산책하기, 성령님과 함께 하는 시간 즐기기 등 꿈꾸고 소원하던 일들이 내 인생에 그대로 펼쳐졌습니다. 내 꿈과 소원을 이루어 주신 분은 성령님이십니다.

"너희 안에 행하시는 이는 하나님이시니 자기의 기쁘신 뜻을 위하여 너희에게 소원을 두고 행하게 하시나니."(빌 2:13)

성령님께서 내게 꿈과 소원을 주시고 그 꿈과 소원대로 다 이루어 주셨습니다. 필요한 때에 필요한 돈, 재능, 지혜, 사람을 다 주셨습니다. 내게 있는 모든 것은 주님의 은혜이고 선물입니다.

나는 성령님을 만나고 부요하고 행복한 삶을 살게 되었습니다.

궁상떨거나 사람의 눈치를 보지 않고 하고 싶은 거 다 하는 멋진 인생을 살게 되었습니다. 모든 것의 주인 되시는 성령님께서 내게 필요한 것을 다 공급하시고 도와주시고 없으면 만들어서라도 안겨 주셨습니다. 성령님은 나의 전부이시며 내가 가장 사랑하는 분이십니다. 성령님 덕분에 정말 살맛나는 인생이 되었습니다. 지금까지 인도해 주시고 복에 복을 더하여 주신 나의 사랑하는 성령님께 억만 번이나 감사드립니다.

당신도 나처럼 수많은 꿈과 소원을 이루고 행복하고 부요하게 살며, 하고 싶은 것을 마음껏 다하고 싶다면 먼저 예수님을 구주로 영접하고 하나님의 자녀가 되어야 합니다. 어떻게 하면 될까요? 지금 나를 따라 이렇게 말하십시오.

"나는 예수님을 나의 구주로 믿습니다. 아멘."

당신이 예수님을 구주로 믿고 입으로 시인한 순간 당신의 모든 죄를 사함 받았고 성령으로 거듭나 하나님의 자녀가 되었습니다.
당신 안에 성령님께서 가득히 들어와 계십니다.

"비록 하늘에나 땅에나 신이라 칭하는 자가 있어 많은 신과 많은 주가 있으나 그러나 우리에게는 한 하나님 곧 아버지가 계시니 만물이 그에게서 났고 우리도 그를 위하며 또한 한 주 예수 그리스도께서 계시니 만물이 그로 말미암고 우리도 그로 말미암았느니라."(고전 8:5~6)

하나님의 자녀는 하나님께 무엇이든 구할 수 있는 권세가 있습니다. 하나님 아버지께 무엇이든 구하십시오.

하나님께서는 당신이 무엇을 구하든지 다 주십니다.

"영접하는 자 곧 그 이름을 믿는 자들에게는 하나님의 자녀가 되는 권세를 주셨으니."(요 1:12)

"구하라, 그리하면 받으리니 지금까지는 너희가 내 이름으로 아무 것도 구하지 아니하였으나 구하라, 그리하면 받으리니 너희 기쁨이 충만하리라."(요 16:24)

구하려면 먼저 당신이 원하는 것을 알아야 합니다.

꿈과 소원을 종류별로 적어 보십시오. 되고 싶은 모습, 하고 싶은 일, 벌고 싶은 돈의 액수, 가고 싶은 나라, 타고 싶은 차, 먹고 싶은 음식, 갖고 싶은 것, 은사 등 모두 적어 보십시오.

적는 것은 당신의 생각을 구체화 시킵니다.

원하는 것을 알면 구하게 되고 구하면 얻게 됩니다.

되고 싶은 모습만 적어 놓으면 그것이 이루어지고 난 뒤에 무엇을 해야 할지 모릅니다. 그러니 하고 싶은 일도 적어야 합니다.

성경을 보면 예수님께서 제자들의 이름을 더하신 사건이 나옵니다. 예수님은 12명의 제자를 택하시고 그들의 목적지를 설정하고 끝에서부터 시작하셨습니다. 제자를 불러 세우시는 순간 바로 이름을 바꾸어 주셨습니다. 흔들리는 갈대 같은 시몬에게 반석이라는 뜻의 베드로란 이름을 더하셨고 야고보, 요한에게는 우레 같은 사람이라는 뜻의 보아너게라는 이름을 더하셨습니다.

"이 열둘을 세우셨으니 시몬에게는 베드로란 이름을 더하셨고 또 세베대의 아들 야고보와 야고보의 형제 요한이니 이 둘에게는 보아너게 곧 우레의 아들이란 이름을 더하셨으며."(막 3:16~17)

성령님께서 4년 전에 내게 이름을 주신 일을 떠올려 주셨습니다. 그때 나는 성령님께 예명을 받고 싶어 말씀드렸습니다.

"성령님, 저도 이름을 주세요."

성령님께서 예전에 내게 '리브가'란 이름을 더해 주셨습니다.

내가 잊고 있으니 다시 생각나게 하셨습니다. 나는 기쁘고 감사했습니다. 며칠 전에 나는 성령님께 또 다른 예명 하나를 더 부탁드렸습니다. 성령님께서 단어를 떠올려 주셨습니다.

"사랑."

내 안에 살아 계신 주님은 사랑이십니다.

"사랑하지 아니하는 자는 하나님을 알지 못하나니 이는 하나님은 사랑이심이라. 하나님이 우리를 사랑하시는 사랑을 우리가 알고 믿었노니 하나님은 사랑이시라. 사랑 안에 거하는 자는 하나님 안에 거하고 하나님도 그 안에 거하시느니라."(요일 4:8, 16)

첫째, 꿈과 소원을 구체적으로 종류별로 적으십시오.

노트를 꺼내 적어 보십시오. 적으면 정확하게 당신이 원하는 것을 알게 되고 꿈과 소원을 구체화 시킬 수 있습니다. 자신이 원하는 것을 알아야 구하게 되고 구해야 얻게 됩니다.

"나는 너를 애굽 땅에서 인도하여 낸 여호와 네 하나님이니

네 입을 넓게 열라. 내가 채우리라."(시 81:10)

둘째, 기도하고 구한 것은 받았다고 믿으십시오.

"무엇이든지 기도하고 구하는 것은 받은 줄로 믿으라.
그리하면 너희에게 그대로 되리라."(막 11:24)

무엇이든지 입니다. 하나님은 아무것도 제한 받지 않는 전지전
능한 분이십니다. 무엇을 구하든지 받았다고 믿으십시오. 하나님
께서 손가락 하나 까딱 하시면 하루만에도 다 이루어집니다.

셋째, 신령한 것도 사모하고 구하십시오.

21가지 모든 은사를 구한 내게 성령님께서 말씀하셨습니다.

"받았다고 믿으라. 자고 깨고 자고 깨고 하는 중에 점점 나타나
게 된다. 받은 응답이 자라는데 시간이 필요하다."

"또 이르시되 하나님의 나라는 사람이 씨를 땅에 뿌림과 같으니
그가 밤낮 자고 깨고 하는 중에 씨가 자라되 어떻게 그리 되는지를
알지 못하느니라. 땅이 스스로 열매를 맺되 처음에는 싹이요. 다음에
는 이삭이요. 그 다음에는 이삭에 충실한 곡식이라. 열매가 익으면
곧 낫을 대나니 이는 추수할 때가 이르렀음이니라."(막 4:26~29)

성령님의 말씀대로 자고 깨고 자고 깨고 하는 중에 은사가 하
나둘씩 나타났고 받았다고 믿고 계속 사용하니 점점 더 크게 나타
나기 시작했습니다. 성령님께서 모든 은사를 가지고 당신 안에
들어와 계십니다. 성령님은 은사를 사모하는 자에게 주십니다.

당신도 21가지 은사가 있는 것을 알고 사모하고 구하십시오.
선물로 주신 은사를 구해서 나타나게 해야 합니다.
날마다 하나님의 능력으로 살아가기 바랍니다.

"사랑을 추구하며 신령한 것들을 사모하되."(고전 14:1)
"너희도 영적인 것을 사모하는 자인즉 교회의 덕을 세우기 위하여
그것이 풍성하기를 구하라."(고전 14:12)

넷째, 구하고 찾고 두드리십시오.
하나님께 기도하고 구했으면 받았다고 믿고 성령님을 의지하여
환경에서 찾고 주변 사람에게 두드리십시오. 두드린다는 말은 '요
청한다, 부탁한다'는 의미입니다. 요청해야 얻습니다. 요청하지
않으면 얻지 못합니다. 하나님께서 당신에게 있어야 할 줄 아시
고 당신이 기도하고 구하기도 전에 이미 준비해 두셨습니다. 그
리고 당신에게 그것을 주시려고 마음에 소원을 불같이 일으키십
니다. 구하고 찾고 두드리십시오. 받았다고 믿으십시오.
당신이 구한 것은 이미 당신의 손바닥 위에 다 있습니다.
"내 손바닥 위에 내가 원하는 것이 다 있다."
포기하지 말고 수준을 낮추지 말고 찾을 때까지 찾고 열릴 때
까지 두드리면 반드시 얻게 됩니다.

"구하라, 그러면 너희에게 주실 것이요. 찾으라, 그러면 찾을 것이
요. 문을 두드리라, 그러면 너희에게 열릴 것이니 구하는 이마다 얻
을 것이요. 찾는 이가 찾을 것이요. 두드리는 이에게 열릴 것이니

라."(마 7:7~8)

다섯째, 날마다 하나님과 교제하며 행복하게 사십시오.

인생에서 가장 중요한 것은 하나님을 경외하는 것입니다.

당신과 함께 계신 성령님을 존중히 모시고 성령님과 함께 살아가야 합니다. 성령님과의 관계를 가장 소중하게 여기십시오.

세상에서 가장 크신 분은 성령님이시며 세상에서 가장 큰 음성은 성령님의 음성입니다. 나머지는 다 티끌처럼 작습니다. 만물이 아닌 만물을 붙들고 계신 성령님을 가장 크게 여기고 성령님을 가장 사랑하기 바랍니다. 이보다 더 좋은 인생은 없습니다.

"예수께서 이르시되 네 마음을 다하고 목숨을 다하고 뜻을 다하여 주 너의 하나님을 사랑하라 하셨으니."(마 22:37)

아무것도 제한하지 말고 하나님께 무엇이든 구하십시오. 꿈과 소원을 종류별로 적으십시오. 하나님은 구한대로 다 주십니다.

"또 여호와를 기뻐하라.
저가 네 마음의 소원을 이루어 주시리로다."(시 37:4)

금 같은 믿음의 말만 하고 들어라

당신은 금 같은 믿음의 말만 합니까?

나는 금 같은 믿음의 말만 하기로 결심했고 기도했습니다.

"주님, 제 입이 주님의 입이 되게 해주세요. 사람을 세우고 살리는 금 같은 믿음의 말만 하게 해주세요. 평생 믿음만 말했음."

"여호와여, 내 입 앞에 파수꾼을 세우시고
내 입술의 문을 지키소서."(시 141:3)

부정적인 말을 하면 부정적인 말대로 인생이 펼쳐집니다.
"없다, 힘들다, 아프다"라고 말하면 진짜 없어지고 힘들어지고 아프게 됩니다. "없다"는 말 대신 "있다. 모든 것이 넘친다"는 말을 하고 "힘들다"는 말 대신 "쉽다. 재밌다. 할 수 있다. 즐거워"라는 말을 하고 "아프다"는 말 대신 "건강해. 다 나았어. 튼튼해"라는 말을 해야 합니다. 그렇게 말하면 말한 대로 항상 모든 것이 넘치고 쉽고 재밌고 즐겁고 건강하고 튼튼해집니다.

"내 삶을 두고 맹세하노라.
너희 말이 내 귀에 들린 대로 내가 너희에게 행하리니."(민 14:28)

인생은 말한 대로 됩니다. 말도 습관을 들여야 합니다.
부정적인 말도 습관이 되면 계속 부정적인 말을 하게 되고 긍정적인 말도 습관이 되면 계속 긍정적인 말을 하게 됩니다. 혀에 죽고 사는 권세가 있기에 어떤 말을 하느냐는 굉장히 중요합니다.

"사람은 입에서 나오는 열매로 말미암아 배부르게 되나니 곧 그의 입술에서 나는 것으로 말미암아 만족하게 되느니라. 죽고 사는 것이 혀의 힘에 달렸나니 혀를 쓰기 좋아하는 자는 혀의 열매를 먹으리

라."(잠 18:20~21)

　사람들은 부정적인 말, 비교하고 비난하고 멸시하고 험담하는 말 한마디로 인해 서로 등지고 원수가 되기도 합니다.

　예전에 나는 지인들에게 내 꿈에 대한 얘기를 했는데 그들은 허황되고 꿈같은 소리를 한다며 부정적으로 말했습니다. 나는 그 얘기를 듣고 기분이 상했고 괜히 말했다고 후회했습니다.

　그때 나와 함께 계신 성령님께서 내게 말씀하셨습니다.

　"네가 듣는 사람의 말이 똥 같은 부정적인 말인지 금 같은 믿음의 말인지 분별해라. 똥 같은 말을 들었으면 치워야지 담아 두면 마음이 더러워진다. 혼자 중얼거리며 금 같은 믿음의 말만 해라."

　이런 경험을 한 후에 부정적인 말이 인생을 더럽힌다는 것을 깨닫고 한마디를 하더라도 신중히 말하고 믿음의 말만 해야겠다고 결심하게 되었습니다. 그리고 부정적인 말을 듣게 되면 한 귀로 듣고 한 귀로 흘려버리면 된다, 무시해야 된다, 중얼거리며 믿음의 말만 해야 된다는 것을 깨달았습니다.

　성경에 보면 예수님도 똥 같은 말을 들으셨습니다.

　바리새인, 서기관, 율법주의자들이 자기 기준으로 예수님 앞에서 비난, 참소, 정죄, 율법적인 말을 쏟아 냈습니다. 그러자 예수님은 가만히 계시지 않고 즉시 믿음의 말로 대답하셨습니다.

　예수님의 말씀은 금 같은 말씀인데, 부정적이고 더러운 똥 같은 말을 치우기 위해 금 같은 말씀을 하신 것입니다.

"안식일에 예수께서 밀밭 사이로 지나가실 새 그의 제자들이 길을 열며 이삭을 자르니 바리새인들이 예수께 말하되 보시오 저들이 어찌하여 안식일에 하지 못할 일을 하나이까 예수께서 이르시되 다윗이 자기와 및 함께 한 자들이 먹을 것이 없어 시장할 때에 한 일을 읽지 못하였느냐 그가 아비아달 대제사장 때에 하나님의 전에 들어가서 제사장 외에는 먹어서는 안 되는 진설병을 먹고 함께 한 자들에게도 주지 아니 하였느냐 또 이르시되 안식일이 사람을 위하여 있는 것이요 사람이 안식일을 위하여 있는 것이 아니니 이러므로 인자는 안식일에도 주인이니라."(막 2:23~28)

예수님은 금보다 귀한 은혜를 우리에게 선물로 주셨습니다.

예수님은 십자가에서 우리의 모든 죄와 저주를 짊어지고 피와 땀과 눈물을 쏟으며 죽으셨습니다. 예수님을 믿음으로 말미암아 우리는 의와 성령 충만, 건강과 부요, 지혜와 평화와 생명을 얻게 되었습니다. 모든 죄가 사라졌습니다. 목마름이 사라졌습니다. 병이 사라졌습니다. 가난이 사라졌습니다. 어리석음이 사라졌습니다. 징계가 사라졌습니다. 죽음이 사라졌습니다. 부활하신 예수님께서 영으로 우리 안에 가득히 들어와 살아 숨 쉬고 계십니다. 우리 안에 천국의 복인 '의성건부지평생'만 가득합니다.

똥 같은 저주의 말은 듣지도 말고 말하지도 말아야 합니다. 오직 금 같은 복음의 말만 듣고 말해야 합니다. 금 같은 말만 듣고 믿고 말하면 금 같은 인생이 되지만 똥 같은 말을 듣고 믿고 말하면 똥 같은 인생이 됩니다. 당신은 어떻게 살겠습니까?

다음과 같이 믿고 오직 금 같은 말만 하십시오

"나는 의인이다."

"복음에는 하나님의 의가 나타나서 믿음으로 믿음에 이르게 하나니 기록된바 오직 의인은 믿음으로 말미암아 살리라 함과 같으니라."(롬 1:17)

"나는 성령 충만하다."

"나를 믿는 자는 성경에 이름과 같이 그 배에서 생수의 강이 흘러나오리라."(요 7:38)

"너희는 너희가 하나님의 성전인 것과 하나님의 성령이 너희 안에 계시는 것을 알지 못하느냐."(고전 3:16)

"나는 건강하다."

"이는 선지자 이사야로 말씀하신 우리의 연약함을 담당하시고 질병을 짊어지셨도다 함을 이루려 하심이더라."(마 8:17)

"나는 부요하다."

"우리 주 예수 그리스도의 은혜를 너희가 알거니와 부요하신 이로서 너희를 위하여 가난하게 되심은 그의 가난함으로 말미암아 너희를 부요하게 하려 하심이라."(고후 8:9)

"나의 하나님이 그리스도 예수 안에서 영광 가운데 그 풍성한 대로 너희 모든 쓸 것을 채우시리라."(빌 4:19)

"나는 지혜롭다."

"이는 그가 모든 지혜와 총명을 우리에게 넘치게 하사."(엡 1:8)

"나는 평화를 가졌다."

"그가 찔림은 우리의 허물 때문이요 그가 상함은 우리의 죄악 때문이라. 그가 징계를 받으므로 우리는 평화를 누리고 그가 채찍에 맞으므로 우리는 나음을 받았도다."(사 53:5)

"나는 생명을 가졌다."
"진실로 진실로 너희에게 이르노니 믿는 자는 영생을 가졌나니."(요 6:47)

"내 모든 꿈과 소원이 다 이루어졌다."
"다 이루었다."(요 19:30)
"무엇이든지 기도하고 구하는 것은 받은 줄로 믿으라. 그리하면 너희에게 그대로 되리라."(막 11:24)

부정적인 말, 저주의 말은 하지도 말고 듣지도 말기 바랍니다.
살다 보면 어쩔 수 없이 부정적인 말을 들을 때가 있는데 부정적인 똥 같은 말을 치우는 방법은 듣는 즉시 믿음의 말을 하는 것입니다. 그럴 때 똥은 치워지고 금으로 채워집니다.
당신의 입에서 항상 금 같은 믿음의 말만 하기 바랍니다.
그러려면 어떻게 해야 할까요?
첫째, 당신과 함께 계신 예수님이 모든 것의 주인이심을 믿어야 합니다. 안식일, 돈, 건강, 사람, 시간, 영혼, 마음, 몸, 재능, 부모님, 배우자, 자녀, 세상 만물, 모든 것의 주인은 예수님이십니다. 세상 만물을 바라보지 말고 예수님을 바라봐야 합니다.

"그는 보이지 아니하는 하나님의 형상이시요 모든 피조물보다 먼저 나신 이시니 만물이 그에게서 창조되되 하늘과 땅에서 보이는 것들과 보이지 않는 것들과 혹은 왕권들이나 주권들이나 통치자들이나 권세들이나 만물이 다 그로 말미암고 그를 위하여 창조되었고 또한 그가 만물보다 먼저 계시고 만물이 그 안에 함께 섰느니라."(골 1:15~17)

우리의 영혼이 해야 할 일은 하나님께 기도하고 예배하고 찬양하고 방언을 말하는 것입니다. 마음이 해야 할 일은 예수님을 믿고 예수님과 대화하며 교제하고 믿음을 말하는 것입니다. 몸이 해야 할 일은 하나님을 찬양하고 모든 것을 주님께 맡기고 푹 쉬는 것입니다. 잘 먹고 잘 자며 주 안에서 쉼을 누리는 것입니다.

"수고하고 무거운 짐 진 자들아, 다 내게로 오라.
내가 너희를 쉬게 하리라."(마 11:28)

둘째, "없다"고 믿고 말하지 말고 항상 "있다, 넘친다, 부요하다"고 믿고 말하십시오. 천국형 마인드로 천국의 부요만 믿고 말하십시오. 우주 재벌 총수이신 부요하신 하나님이 당신과 함께 계십니다. 인생에 있어 가장 큰 재산은 마음으로 하나님을 믿는 것입니다. 하나님을 믿는 믿음만 있으면 평생 억만장자의 삶을 살게 됩니다. 하나님을 주인으로 인정하면 기적이 일어납니다. 당신의 삶의 모든 영역에서 마음으로 믿고 입으로 시인하십시오.

"사람이 마음으로 믿어 의에 이르고
입으로 시인하여 구원에 이르느니라."(롬 10:10)

셋째, 부정적인 말을 들으면 되씹지 말고 바로 치우십시오.

그 방법은 부정적인 말을 무시하고 즉시 믿음의 말을 하는 것입니다. 혼자 중얼거리며 자신에게 믿음의 말을 하고 또 당신 앞에 계신 주님께 말씀드리면 됩니다. 금 같은 믿음의 말만 하는 것이 습관이 되게 하십시오. 부정적인 말은 무시하고 접근 금지시키고 차단하십시오. 부정적인 사람과 말을 섞지 마십시오.

"속지 말라. 악한 동무들은 선한 행실을 더럽히나니."(고전 15:33)

넷째, 부정적인 말은 아예 하지 마십시오.

나쁜 말은 한마디도 하지 마십시오. 나쁜 말을 할 바에 침묵하는 게 낫습니다. 의인답게 좋은 것만 생각하고 말하십시오.

"의인의 입은 생명의 샘이라도 악인의 입은 독을 머금었느니라.
온량한 혀는 곧 생명나무라도 패려한 혀는 마음을 상하게 하느니라."(잠 10:11, 15:4)

마귀는 바알세불 곧 '똥파리들의 주인'입니다. 귀신도 '더러운 귀신들'이라고 했습니다. 마귀가 그의 부하인 더러운 귀신들을 보내 하나님의 자녀에게 똥 같은 부정적인 말을 마구 퍼붓습니다. 그것을 믿음의 방패로 막고 자신을 깨끗하게 지켜야 합니다.

당신의 입은 성령의 검 곧 하나님의 말씀을 말해야 합니다.

사도 바울은 에베소 교인들에게 이렇게 코치했습니다.

"무릇 더러운 말은 너희 입 밖에도 내지 말고
오직 덕을 세우는 데 소용되는 대로 선한 말을 하여
듣는 자들에게 은혜를 끼치게 하라."(엡 4:29)

믿음의 말만 하십시오.
믿음의 말은 금이요 부정적인 말은 똥입니다.
부정적인 더러운 말은 하지도 말고 듣지도 마십시오.
오직 정금 같이 깨끗한 믿음의 말만 듣고 말하십시오.
부정적인 사람을 거절하고 차단하고 함께 있지 말고 가만히 두
십시오. 그들에게 말을 걸지 마십시오. 말을 걸면 또 부정적인 말
이 터져 나올 것입니다. 부정적인 사람에게 쩔쩔매지 말고 눈치
보지 말고 아무것도 두려워하지 마십시오. 오직 모든 것의 주인
되시는 하나님만 두려워하며 강하고 담대하십시오.
예수님이 지금 당신에게 말씀하십니다.

"내가 내 친구 너희에게 말하노니 몸을 죽이고 그 후에는 능히 더
못하는 자들을 두려워하지 말라. 마땅히 두려워할 자를 내가 너희에
게 보이리니 곧 죽인 후에 또한 지옥에 던져 넣는 권세 있는 그를 두
려워하라. 내가 참으로 너희에게 이르노니 그를 두려워하라."(눅
12:4~5)

당신의 마인드를 지키고 좋은 것만 말하라

당신은 하루 종일 무엇을 생각하고 말합니까?

사람은 마음에 가득한 것을 입으로 말합니다. 하루 중 무슨 생각을 하고 무슨 말을 하며 사는지 자신을 점검해 보아야 합니다.

생각은, 육신의 생각이 있고 영의 생각이 있습니다.

육신의 생각은 과거에 매이고 경험을 중요시 하며 두려움과 불안을 줍니다. 늘 '힘들어지면 어쩌지? 병들면 어쩌지?'라며 사망의 생각을 주며 하나님과 원수가 됩니다. 육신은 쳐서 다스려야지 달래야 할 게 아닙니다. 육신에 굴복되면 육신의 종이 됩니다.

육신을 다스리는 방법은 예수 이름으로 명령하는 것입니다.

만약 컨디션이 안 좋으면 "예수 이름으로 컨디션은 좋아져라"고 명령하면 컨디션이 좋아집니다. 부정적인 생각이 들면 "예수 이름으로 부정적인 생각은 떠나가라"고 명령하면 부정적인 생각이 떠나갑니다. 모든 일에 예수 이름으로 명령하고 감사하십시오.

"또 무엇을 하든지 말에나 일에나 다 주 예수의 이름으로 하고
그를 힘입어 하나님 아버지께 감사하라."(골 3:17)

영의 생각은 하나님이 주신 꿈을 꾸고 예언을 말하고 환상을 보며 앞으로 나아가는 것입니다. 성령님은 미래를 보여주십니다.

하나님은 당신의 마인드를 지키라고 하셨습니다.

"모든 지킬 만한 것 중에 더욱 네 마음을 지키라.
생명의 근원이 이에서 남이니라."(잠 4:23)

당신의 마인드를 지키려면 어떻게 해야 할까요?

첫째, 육신의 생각을 하지 말고 영의 생각을 해야 합니다.

영의 생각을 하려면 방언을 많이 말하는 것이 좋습니다. 방언은 100퍼센트 영의 기도이기 때문입니다. 방언을 말하면 영이 강해지고 영이 강해지면 당신의 마음과 몸을 다스릴 수 있습니다.

"너희가 육신대로 살면 반드시 죽을 것이로되
영으로써 몸의 행실을 죽이면 살리니."(롬 8:13)

악한 영인 귀신은 죽이고 도둑질하고 멸망시키는 일을 합니다.

마귀는 당신을 죽이고 도둑질하고 멸망시키기 위해 끊임없이 틈을 찾습니다. 그러나 마귀는 십자가에서 정세와 권세가 벗겨지고 이미 패배한 적입니다. 아무 능력이 없고 단지 거짓말하는 능력만 있습니다. 그러므로 마귀를 대적해야 합니다.

"육신을 따르는 자는 육신의 일을, 영을 따르는 자는 영의 일을 생각하나니 육신의 생각은 사망이요. 영의 생각은 생명과 평안이니라."(롬 8:5~6)
"도둑이 오는 것은 도둑질하고 죽이고 멸망시키려는 것뿐이요 내가 온 것은 양으로 생명을 얻게 하고 더 풍성히 얻게 하려는 것이라."(요 10:10)

지금은 어마어마한 시대입니다. 하나님께서 당신에게 마귀를 대적할 수 있도록 예수 이름의 어마어마한 권세를 주셨기 때문입니다. 아브라함 이삭 야곱 요셉 모세 다윗 등 구약의 어느 누구도 마귀를 대적하지 못했습니다. 그런데 예수님이 죽으시고 부활하신 후에는 달라졌습니다. 예수 이름을 주신 것입니다.

"예수께서 그의 열두 제자를 부르사 더러운 귀신을 쫓아내며 모든 병과 모든 약한 것을 고치는 권능을 주시니라."(마 10:1)
"믿는 자들에게는 이런 표적이 따르리니 곧 그들이 내 이름으로 귀신을 쫓아내며 새 방언을 말하며……."(막 16:17)

당신이 "예수 이름으로 명하노니 마귀야 물러가라"고 명령하면 마귀가 겁을 먹고 물러갑니다. "너희는 하나님께 순복할지어다. 마귀를 대적하라. 그리하면 너희를 피하리라."(약 4:7)

둘째, 영혼과 육신 사이에 마음이 있습니다.

성경에 보면 예수님도 계속 '마음'에 대해 말씀하셨습니다.

"그들이 속으로 이렇게 생각하는 줄을 예수께서 곧 중심에 아시고 이르시되 어찌하여 이것을 마음에 생각하느냐."(막 2:8)

우리는 변함없이 하나님을 경외하는 중심으로 살아야 합니다.

하나님을 경외하고 예배하는 일에는 그 어떤 사람과도 그 어떤 것과도 타협하면 안 됩니다. 삶에 있어 가장 중요한 것은 예배입니다. 예배하며 하나님께서 베푸신 은혜에 감사해야 합니다.

주일은 내 날이 아닌 하나님의 날입니다. 하나님께서 우리가 주일에 교회에 나가 예배하고 마음껏 찬양하길 원하십니다. 또한 우리의 삶 전체가 예배입니다. 성령님께서 365일 24시간 늘 함께 계시기 때문입니다. 당신의 삶이 예배가 되게 하십시오.

셋째, 시간을 뚝 떼어 하나님께 드리십시오.

하나님께서 모든 사람에게 100퍼센트 선물로 주신 것이 바로 '시간'입니다. 예수님도 시간을 뚝 떼어 기도하셨습니다.

"새벽 아직도 밝기 전에 예수께서 일어나 나가
한적한 곳으로 가사 거기서 기도하시더니."(막 1:35)

하루 24시간 중 오분의 일인 4시간 또는 십분의 일인 2시간을 하나님께 드려 기도하고 말씀을 읽으며 하나님과 교제하십시오. 하나님은 만왕의 왕이시며 창조주이십니다. 하나님을 귀빈으로 대하기 바랍니다. 하나님과만 있는 시간을 꼭 가지십시오.

사탄은 끊임없이 "없다"고 거짓말하고 속살거립니다.

"너는 시간, 돈, 지혜가 없어. 옷, 신발이 없어."

하나님이 다 주신 것을 자꾸 없다고 말합니다.

하나님은 "많다"고 말씀하십니다.

"너는 시간이 많다. 시간 억만장자다. 바쁘다고 말하지 마라. 너는 억만장자다. 돈이 많다. 지혜가 많다. 옷이 많다. 신발이 많다. 너의 잔이 넘친다. 너는 기도할 시간이 많다. 성경 볼 시간이 많다. 책을 읽을 시간이 많다. 책을 쓸 시간이 많다. 산책할 시간이 많다. 잠잘 시간이 많다. 식사할 시간이 많다. 운동할 시간이 많다. 가족과 함께 할 시간이 많다. 뭘 그리 바쁘다고 말하니? 바쁠 것 없다. 여유 있게 천천히 하라. 너는 그리스도 안에서 부요한 사람이다."

시간을 뚝 떼어 하나님께 기도하십시오.

시간을 뚝 떼어 하나님과 교제하십시오.

시간을 뚝 떼어 예배하십시오.

시간을 뚝 떼어 찬양하십시오.

시간을 뚝 떼어 성경 말씀을 보십시오.

시간을 뚝 떼어 여유 있게 산책하십시오.

당신은 진정한 억만장자입니다. 억만 번이나 부요합니다.

모든 것이 넘칩니다. 이렇게 고백하십시오.

"여호와는 나의 목자시니 내가 부족함이 없으리로다."(시 23:1)
"내 잔이 넘치나이다."(시 23:5)

넷째, 부정적인 말은 아예 하지도 듣지도 옮기지도 마십시오.

예수님은 역사상 가장 완벽한 지도자였지만 가장 나쁜 평판을
들으셨습니다. 당신의 인생에도 나쁜 평판을 들을 때가 있습니다.

당신이 성령님의 인도를 따라 어떤 일을 하는데 사람들이 계속
당신을 비난하고 욕합니다. 그러면 마음이 침체됩니다. 비난하는
사람은 내버려두고 하나님의 음성을 따라 계속 일하십시오.

다른 사람에 대해 안 좋은 말은 한마디도 하지 마십시오.

나쁜 평판은 들어도 옮기지 말고 딱 자르십시오. 비판, 비난,
험담하는 말은 절대로 옮기지 마십시오. 좋은 것만 얘기하십시오.
그러면 당신의 마음을 깨끗하게 지킬 수 있습니다.

예수님께서 우리 대신 십자가에 매달려 모든 죄와 저주를 짊어
지고 죽으셨습니다. 하나님은 우리에게 예수님을 믿음으로 말미
암아 의를 주셨고 성령을 한량없이 부어 주셨고 건강을 주셨고 부
를 주셨고 지혜를 주셨고 평화를 주셨고 생명을 주셨습니다.

저주를 믿고 말하면 저주가 쾅쾅 박혀 저주스런 삶이 펼쳐지고 저주에서 빠져 나올 수가 없습니다. 복을 믿고 말하면 복이 쾅쾅 박혀 복이 쏟아집니다. 저주스럽고 부정적인 생각과 말은 아예 하지도 듣지도 마십시오. 나쁜 짓은 하나도 하지 말고 좋은 것만 생각하고 말하고 들으십시오. 다른 사람의 죄에 대해서도 일일이 신경 쓰지 마십시오. '왜 저 사람은 저런 말을 하는 거야? 저런 행동을 하는 거야?'라며 다른 사람의 죄에 간섭하지 마십시오. 간섭하면 당신의 마음만 상할 뿐입니다. 이 성구를 암송하십시오.

"다른 사람의 죄에 간섭하지 말며
네 자신을 지켜 정결하게 하라."(딤전 5:22)

그러면 우리는 어떤 생각을 해야 할까요?

"끝으로 형제들아, 무엇에든지 참되며 무엇에든지 경건하며 무엇에든지 옳으며 무엇에든지 정결하며 무엇에든지 사랑할 만하며 무엇에든지 칭찬할 만하며 무슨 덕이 있든지 무슨 기림이 있든지 이것들을 생각하라."(빌 4:8)

첫째, '참되며'는 하나님만 경외해야 한다는 말입니다.
우리는 변함없이 하나님만 경외해야 합니다. 하나님을 경외하는 것이 인간의 본분입니다. 당신도 하나님만 경외하십시오.
둘째, '경건하며'는 '고상하다'는 뜻으로 예수님을 사랑하는 것을 말합니다. 세상에서 가장 고상한 일은 예수님을 사랑하는 일입니다. 당신의 온 마음을 다해 예수님을 사랑하십시오.

셋째, '옳으며'는 성령님의 음성을 따라 사는 것을 가리킵니다. 오늘부터 당신은 부정적인 사람의 말에 귀를 기울이지 말고 성령님의 음성만 믿고 성령님의 음성만 따라 살기 바랍니다.

넷째, '정결하며 깨끗함'은 율법주의가 아닌 온전한 복음으로 사는 것입니다. 온전한 복음이란 "예수님께서 우리 대신 십자가에서 모든 죄와 저주를 짊어지고 죽으셨다. 예수님을 믿음으로 말미암아 의, 성령 충만, 건강, 부요, 지혜, 평화, 생명을 얻게 된다. 의성건부지평생이 되시는 예수님이 내 안에 살아 계신다"는 것입니다. 율법주의에 빠지지 말고 온전한 복음을 믿으십시오.

다섯째, '사랑할 만하며'는 사랑받을 만한 말만 하고 듣는 것입니다. 남을 미워하고 욕하는 말에 대해서는 듣지도 말고 검색하지도 말고 주위 사람에게 옮겨 말하지도 마십시오.

여섯째, '칭찬할 만하며'는 좋은 평판만 생각하고 말하라는 것입니다. 하루 종일 좋은 평판만 생각하고 말하십시오.

일곱째, '무슨 덕이 있든지'는 덕이 안 되는 것은 하지 않는 것입니다. 오직 덕을 세우는 데 소용되는 대로 선한 말을 하십시오.

여덟째, '기림이 있든지'는 칭찬하는 말을 하는 것입니다. 절대 주위 사람의 험담을 옮기면 안 됩니다. 오만한 자리에 앉지 마십시오. 좋은 점만 생각하고 칭찬하고 축복만 하십시오.

"두루 다니며 험담하는 자는 남의 비밀을 누설하나
마음이 신실한 자는 그런 것을 숨기느니라."(잠 11:13)

아홉, '생각하라'는 강력하게 붙잡고 집중하라는 말입니다. 나쁜 것은 하나도 하지 말고 항상 좋은 것만 생각하고 말하십시오. 그러면 마음을 지킬 수 있고 영혼, 마음, 몸이 건강해집니다.

하나님께 구체적으로 감사의 기도를 하라

당신은 하나님께 감사의 기도를 많이 하십니까?

나는 하나님께 구체적으로 감사의 기도를 드립니다.

내 인생의 모든 것이 감사하고 억만 번이나 감사할 뿐입니다. 나의 모든 죄와 저주를 짊어지고 나를 구원해 주신 것도 감사하고 성령님께서 나를 찾아와 만나 주시고 늘 함께 계신 것도 감사하고 지금까지 인도해 주신 것도 감사하고 날마다 복에 복을 더하여 주심에 감사하고 나를 변함없이 아껴 주시고 사랑해 주시고 보살펴 주시고 도와주시니 감사하고 좋은 집과 차를 주시고 남편, 자녀, 가족, 믿음의 사람들과의 만남의 복을 주심에 감사하고 교회에서 예배할 수 있어 감사합니다. 의성건부지평생의 천국의 복을 누리며 살다가 천국에 가게 하심에 감사합니다.

현상적으로 좋은 일도 있고 나쁜 일도 있지만 모두 감사합니다. 좋은 일은 좋아서 감사하고 나쁜 일은 그로 인해 깨달음을 얻기도 하고 더 좋은 것을 주시기 위해 허락하신 일이기에 감사합니다. 하나님은 모든 것을 합력하여 선을 이루시는 선한 목자이십니다. 성령님께서 내게 어떻게든 복을 주시려고 결심하시고 날마다 복에 복을 더하여 주십니다. 나는 감사의 기도를 드립니다.

"성령님, 감사합니다. 저를 구원해 주시고 지금까지 인도해 주셔서 감사합니다. 귀한 서울목자교회에서 예배하게 하시니 감사합니다. 믿음의 부모님이신 목사님과 사모님, 그리고 교회 전도사님들과 성도들, 시부모님, 부모님, 배우자, 자녀, 지인들과 만남의 큰 복을 주셔서 감사합니다. 넓고 좋은 집을 주셔서 감사합니다. 건강한 몸을 주셔서 감사합니다. 재물 얻을 능을 주시고 억만장자의 삶을 살게 하시니 감사합니다. 천재적인 지혜를 주셔서 감사합니다. 행복한 믿음의 가정이 되게 하시니 감사합니다. 지금도 한없는 사랑을 부어 주시니 감사합니다. 모든 꿈과 소원을 다 이루어 주셔서 감사합니다. 모든 것이 억만 번이나 감사합니다. 성령님, 영원히 사랑합니다. 행복합니다."

지금 글을 쓰면서 또 감사할 것들이 떠올랐습니다.

"성령님, 감사합니다. 남편이 승진하게 해주셔서 감사합니다. 방금 고구마를 세 박스나 주셔서 감사합니다. 맛있는 빵을 주셔서 감사합니다. 꿀을 주셔서 감사합니다. 건강한 몸으로 자유자재로 움직이며 책을 써서 복음을 전하게 하시니 감사합니다. 숨을 쉴 수 있어 감사합니다. 저를 만들어 주셔서 감사합니다. 눈, 코, 입, 귀, 머리, 팔, 다리, 전부 예쁘고 아름답게 만들어 주셔서 감사합니다. 시원하고 맛있는 수박을 주셔서 감사합니다. 선선한 바람을 주셔서 감사합니다. 천재적인 지혜를 주시고 시간을 주시고 복에 복을 더하여 주셔서 감사합니다. 모든 것이 하나님의 은혜입니다. 모든 것이 선물이고 기적입니다. 억만 번이나 감사합니다."

날마다 하나님의 은혜가 넘치고 기적의 연속입니다. 날마다 감탄하고 감격하고 감사합니다. 하나님께 감사할 것을 찾아보면 끝도 없습니다. 예수님을 믿고 난 후 내 인생은 천국이 펼쳐졌고 한 없는 복이 쏟아졌습니다. 대박 난 인생이 되었습니다.

예수님께서 내 대신 모든 죄와 저주를 짊어지고 죽으셨습니다. 부활하신 예수님이 영으로 내 안에 살아 계십니다. 예수님이 나의 의가 되시고 내 안에 큰 능력과 권능으로 가득히 계시고 건강이 되시고 부요가 되시고 지혜가 되시고 평화가 되시고 생명이 되십니다. 내 안에 계신 성령님은 나의 전부가 되십니다.

"우주와 그 가운데 있는 만물을 지으신 하나님께서는 천지의 주재시니 손으로 지은 전에 계시지 아니하시고 또 무엇이 부족한 것처럼 사람의 손으로 섬김을 받으시는 것이 아니니 이는 만민에게 생명과 호흡과 만물을 친히 주시는 이심이라. 인류의 모든 족속을 한 혈통으로 만드사 온 땅에 살게 하시고 그들의 연대를 정하시며 거주의 경계를 한정하셨으니 이는 사람으로 혹 하나님을 더듬어 찾아 발견하게 하려 하심이로되 그는 우리 각 사람에게서 멀리 계시지 아니하도다. 우리가 그를 힘입어 살며 기동하며 존재하느니라."(행 17:24~28)

성령님으로 말미암아 나는 행복하고 하는 모든 일이 형통합니다. 다 잘 됩니다. 저절로 잘됩니다.

"나는 포도나무요 너희는 가지라. 그가 내 안에 내가 그 안에 거하면 사람이 열매를 많이 맺나니 나를 떠나서는 너희가 아무것도 할 수 없음이라."(요 15:5)
"그는 시냇가에 심은 나무가 철을 따라 열매를 맺으며 그 잎사귀가 마르지 아니함 같으니 그가 하는 모든 일이 다 형통하리로다."(시

1:3)

　당신도 나처럼 행복하고 모든 일에 큰 복을 받으려면 하나님이 누구신지 알아야 합니다. 하나님은 누구실까요?

　첫째, 하나님은 창조자, 공급자이십니다.

　가장 큰 믿음은 하나님을 믿는 믿음입니다. 하나님께서 당신의 필요한 모든 것을 은혜로 공급해 주신다는 믿음을 가져야 합니다. 하나님의 공급 파이프는 무한 가지입니다. 창조자 하나님은 없는 것은 만들어서라도 당신의 가슴에 안겨 주십니다. 그러므로 어떤 일을 만나든지 오직 하나님만 의지하고 바라보십시오.

　둘째, 하나님은 모든 것의 주인이 되십니다.

　당신의 눈, 귀, 코, 팔, 다리, 머리, 생명, 시간, 돈, 집, 차, 건물, 재능, 부모님, 배우자, 자녀, 모두 하나님의 것입니다. 세상 만물이 다 하나님의 것입니다. 그분은 당신의 주인이십니다.

　셋째, 하나님께서 그동안 주신 것을 세어 보십시오.

　지금 힘든 일이 생겼나요? 잠깐만 눈을 감고 그동안 하나님이 당신에게 주신 것을 세어 보십시오. 감사가 터져 나올 것입니다.

　하나님께서 주신 것은 비록 작은 것이라도 소중히 여기고 감사하며 잘 관리하십시오. 하나님은 감사하는 자에게 더 주시고 작은 것을 소중히 여기고 잘 관리하면 더 큰 것을 주십니다.

　하나님께서 베푸신 은혜에 감사하십시오. 시간을 내어 하나님께 구체적으로 하나씩 감사 기도를 드리기 바랍니다.

"여호와께 감사하라. 그는 선하시며 그의 인자하심이 영원함이로다. 강한 손과 펴신 팔로 인도하여 내신 이에게 감사하라. 그 인자하심이 영원함이로다."(시 118:29, 136:12)

영혼, 마음, 몸이 건강한 삶을 살라

당신은 마음이 강합니까?

나는 원래 마음이 여리고 나약했던 사람입니다. 다른 사람의 작은 말 한마디에도 퍽 쓰러지던 사람이었습니다. 그런 내가 지금은 마음이 견고한 성읍, 쇠기둥, 놋성벽처럼 강해졌습니다.

"보라 내가 오늘 너를 그 온 땅과 유다 왕들과 그 지도자들과 그 제사장들과 그 땅 백성 앞에 견고한 성읍, 쇠기둥, 놋성벽이 되게 하였은즉 그들이 너를 치나 너를 이기지 못하리니 이는 내가 너와 함께 하여 너를 구원할 것임이니라. 여호와의 말이니라."(렘 1:18~19)

나는 지금 어떤 일을 만나든 무슨 일이 생기든 오직 하나님만 두려워하고 하나님만 바라보는 강한 사람이 되었습니다. 하나님께서 내 영과 마음, 몸이 강해지도록 인도하셨기 때문입니다.

얼마 전에 성령님께서 내게 말씀하셨습니다.

"영혼, 마음, 몸이 모두 더 강해져야 한다."

나는 믿음의 기도를 했습니다.

"영혼, 마음, 몸이 쇠기둥처럼 강해졌음. 감사합니다."

나와 함께 계신 성령님은 강한 분이십니다. 성령님과 동업하려면 영과 마음과 몸이 모두 강해져야 합니다. 영이 강해지려면 방언을 말하면 됩니다. 모든 지각에 뛰어나신 하나님께서 보실 때 가장 필요한 은사가 방언이기 때문에 알아서 챙겨 주신 것입니다.

나는 방언을 받은 뒤로 방언을 많이 말합니다. 방언은 기도이기 전에 말하는 것입니다. 외부의 영향을 받지 않고 수다 떨듯 방언을 말하며 모든 일을 할 수 있어 너무 좋습니다. 나는 사람이 많은 곳이나 버스, 지하철에서도 방언을 말합니다. 입을 다물고 밖으로 소리를 내지 않고도 방언을 말할 수 있습니다. 방언을 말하는 것은 쉽고 즐겁습니다. 방언은 100퍼센트 감사, 축복, 찬양, 중보, 영의 기도, 성령의 나타남입니다. 원망, 불평, 저주가 한마디도 없는 정말 좋은 기도입니다. 방언을 많이 말하십시오.

"이와 같이 성령도 우리 연약함을 도우시나니 우리가 마땅히 빌 바를 알지 못하나 오직 성령이 말할 수 없는 탄식으로 우리를 위하여 친히 간구하시느니라."(롬 8:26)
"방언을 말하는 자는 자기의 덕을 세우고 예언하는 자는 교회의 덕을 세우나니."(고전 14:4)

방언은 감사를 더 잘하는 것이고 축복을 더 잘하는 것입니다.

"너는 감사를 잘하였으나."(고전 14:17)

나는 방언을 말한 결과 달라진 점이 있습니다. 무엇일까요?
첫째, 얼굴이 환해지고 빛나게 되었습니다.

방언을 받고 방언으로 기도하면서 가장 먼저 달라진 것이 얼굴이 환해지고 빛나게 되었다는 것입니다.

둘째, 기도를 즐기는 기도의 사람이 되었습니다.

방언을 말하면 상쾌함이 있습니다. 그래서 자꾸 방언으로 기도하게 되고 순간마다 기도하고 싶어집니다. 틈만 나면 기도합니다. 어디를 가든지 혼자서 기도할 곳을 찾게 되고 사람 많은 곳에서는 입을 다물고 소리 내지 않고 방언을 말합니다.

"그러므로 더듬는 입술과 다른 방언으로 그가 이 백성에게 말씀하시리라. 전에 그들에게 이르시기를 이것이 너희 안식이요 이것이 너희 상쾌함이니."(사 28:11~12)

셋째, 내 마음이 매우 담대해졌습니다.

오순절 120문도는 방언을 말하면서부터 담대해졌습니다. 당신도 방언을 말하면 두려움이 사라지고 담대해집니다. 사람을 만날때, 거래할 때, 문제에 부딪힐 때, 방언을 5~10분이라도 하면 두려움이 없어지고 담대해집니다. 방언을 많이 말하십시오.

넷째, 내 영이 강해졌습니다. 영이 강해지니 하나님께 순복하고 마귀를 대적하게 되었습니다.

"너희는 하나님께 순복할지어다. 마귀를 대적하라.
그리하면 너희를 피하리라."(약 4:7)

영이 강해지면 오직 하나님만 두려워하게 됩니다. 악한 영들은 방언을 정말 싫어합니다. 방언은 성령의 나타남입니다. 방언을 말하는 것은 성령의 나타남 속에서 시간을 보내는 것입니다.

다섯째, 안식을 누리고 새 힘을 얻게 되었습니다.

방언은 100퍼센트 성령의 나타남입니다. 방언을 말하면 곤비함이 사라지고 새 힘이 생깁니다. '곤비'란 말은 완전한 의욕 상실, 탈진 상태를 말합니다. 방언을 말하면 지친 것이 사라지고 답답한 것이 뻥뻥 뚫리며 상쾌해집니다. 방언을 말하므로 성령의 나타남을 누리니 안식을 취하게 됩니다. 방언은 나 자신을 견고히 세우기 위한 귀한 은사입니다. 내가 강해지고 충전이 됩니다. 또 하나님이 살아 계심을 즉시로 체험하게 되는 은사입니다.

성령님께서 말씀하십니다.

"영으로 기도하라. 방언을 말해라. 상쾌해진다."

당신도 방언을 사모하기 바랍니다. 그리고 방언을 받았으면 묻어 두지 말고 끄집어내어 많이 말하기 바랍니다.

"그러므로 더듬는 입술과 다른 방언으로 그가 이 백성에게 말씀하시리라. 전에 그들에게 이르시기를 이것이 너희 안식이요 이것이 너희 상쾌함이니 너희는 곤비한 자에게 안식을 주라 하셨으나 그들이 듣지 아니하였으므로 여호와께서 그들에게 말씀하시되 경계에 경계를 더하며 경계에 경계를 더하며 교훈에 교훈을 더하며 교훈에 교훈을 더하고 여기서도 조금 저기서도 조금 하사 그들이 가다가 뒤로 넘어져 부러지며 걸리며 붙잡히게 하시리라."(사 28:11~13)

영혼, 마음, 몸이 다 중요합니다. 모두 강해져야 합니다.

"무릇 지킬 만한 것보다 더욱 네 마음을 지키라. 생명의 근원이 이에서 남이니라."(잠 4:23)

"사랑하는 자여, 네 영혼이 잘됨 같이 네가 범사에 잘되고 강건하기를 내가 간구하노라."(요삼 1:2)

영혼, 마음, 몸이 건강한 삶을 살려면 어떻게 해야 할까요?

첫째, 예수 그리스도 온전한 복음에 대한 믿음으로 마음을 굳게 해야 합니다. 예수님께서 십자가에서 모든 죄와 저주를 짊어지고 죽으셨습니다. 당신은 예수님을 구주로 믿음으로 말미암아 의성건부지평생의 복을 얻게 되었습니다. 믿음은 마음으로 믿는 것입니다. 마음을 온전한 복음의 은혜로 굳게 해야 합니다.

"예수 그리스도는 어제나 오늘이나 영원토록 동일하시니라. 여러 가지 다른 교훈에 끌리지 말라. 마음은 은혜로써 굳게 함이 아름답고 음식으로써 할 것이 아니니 음식으로 말미암아 행한 자는 유익을 얻지 못하였느니라."(히 13:8~9)

"복음에는 하나님의 의가 나타나서 믿음으로 믿음에 이르게 하나니 기록된바 오직 의인은 믿음으로 말미암아 살리라."(롬 1:17)

당신의 마음을 은혜로 굳게 하려면 항상 하나님께 기도하고 방언을 말하고 주일에는 모든 일을 멈추고 하나님께 예배하십시오.

둘째, 부정적인 사람, 사건, 부정적인 말을 차단해야 합니다.

텔레비전 프로그램, 뉴스, 소설, 잡지, 영화, 비 성경적인 책, 타로, 점, 사주, 관상 등은 차단하십시오. 사람은 환경에 영향을 받으니 부정적이고 파괴적인 환경에 거하며 접촉하면 부정적인 영향을 받습니다. 아예 접촉하지도 만지지도 보지도 듣지도 마십시오. 당신의 습관과 환경을 깨끗한 것으로 바꾸십시오.

셋째, 성경을 공부, 통독, 묵상, 암송하십시오.

모든 성경은 하나님의 선하시고 기뻐하시고 온전하신 뜻이 다 담겨 있습니다. 하나님은 성경 말씀을 통해 말씀하십니다. 성경을 읽으며 마음을 강하게 하고 마음을 넓히며 생각을 키우십시오.

성경은 당신이 하나님의 자녀로서의 삶을 살 수 있게 합니다.

"모든 성경은 하나님의 감동으로 된 것으로 교훈과 책망과 바르게 함과 의로 교육하기에 유익하니 이는 하나님의 사람으로 온전하게 하며 모든 선한 일을 행할 능력을 갖추게 하려 함이라."(딤후 3:16~17)

넷째, 몸이 건강해지려면 깨끗한 음식을 먹고 운동을 하고 잠을 푹 자야 합니다. 깨끗한 음식을 먹어야 몸도 깨끗해집니다.

하나님께서 정하신 곡식, 채소, 과일, 소고기, 양고기, 가금류(닭, 오리), 생선을 드십시오. 자신에게 맞는 운동을 골라 꾸준히 하십시오. 하루에 10분이라도 운동하십시오. 만병의 근원은 수면 부족입니다. 잠이 보약입니다. 잠자는 시간을 아까워하지 말고 매일 8시간 정도 꼭 챙겨서 주무십시오.

몸이 아프면 아픈 부위에 손을 대고 이렇게 명령하십시오.

"예수 이름으로 명하노니 머리끝에서 발끝까지 깨끗해져라."
"예수 이름으로 명하노니 모든 병은 치료될지어다."
"예수 이름으로 명하노니 오장육부는 건강해져라."

"예수 이름으로 명하노니 이와 잇몸은 건강해져라."
"예수 이름으로 명하노니 염증, 통증은 사라져라."
"예수 이름으로 명하노니 뭉친 근육은 풀려라."

예수 이름으로 명령하면 깨끗이 낫습니다.
연약한 곳도 예수 이름으로 명령하십시오.

"예수 이름으로 명하노니 내 몸에서 연약함은 다 떠나가라."
"예수 이름으로 명하노니 머리끝에서 발끝까지 튼튼해져라."

예수 이름으로 명령하면 연약함이 떠나가고 튼튼해집니다.
당신 안에 권능자, 치료자이신 예수님이 살아 계십니다.

"예수께서 온 갈릴리에 두루 다니사 그들의 회당에서 가르치시며 천국 복음을 전파하시며 백성 중의 모든 병과 모든 약한 것을 고치시니."(마 4:23)
"믿는 자들에게는 이런 표적이 따르리니 곧 그들이 내 이름으로 귀신을 쫓아내며 새 방언을 말하며 뱀을 집어올리며 무슨 독을 마실지라도 해를 받지 아니하며 병든 사람에게 손을 얹은즉 나으리라."
(막 16:17~18)

지금 당신의 몸에 치료의 능력이 흐르고 있습니다.
한 번 하고 안 된다고 포기하지 말고 나을 때까지 계속 명령하십시오. 그러면 어느 순간 깨끗이 낫고 기적이 일어납니다.
필요하다면 병원이나 약의 도움도 받으십시오. 어떻게든 당신이 건강한 것은 하나님의 절대적인 뜻입니다. 하나님은 당신의 영혼, 마음, 몸이 건강하고 강해지길 원하십니다. 평생 영혼, 마음, 몸이 건강하고 튼튼한 행복한 삶을 살기 바랍니다.

"그가 네 모든 죄악을 사하시며 네 모든 병을 고치시며 네 생명을 파멸에서 속량하시고 인자와 긍휼로 관을 씌우시며 좋은 것으로 네 소원을 만족하게 하사 네 청춘을 독수리 같이 새롭게 하시는도다." (시 103:3~5)

세트로 복을 주시는 성령님

당신은 날마다 기적을 경험하며 삽니까?

나는 날마다 기적을 경험하며 삽니다. 눈을 뜨고 보는 것, 코로 숨을 쉬는 것, 입으로 말하는 것, 걷고 움직이는 것이 내게는 큰 기적이고 엄청난 복입니다. 또한 성령님과 함께 살며 성령님과 교제하며 사는 것이 큰 영광이요 큰 선물입니다.

어느 날 부모님께서 우리 집에 오셨습니다.

가장 귀한 접대는 기도해 드리고 말씀을 전해 드리는 것이기에 나는 어떤 말씀을 전해 드려야 할지 성령님께 여쭈었습니다.

"성령님, 부모님께 어떤 말씀을 전해 드릴까요?"

성령님께서 지난 주일예배 설교 시간에 김열방 목사님이 하신 말씀을 떠올려 주셨습니다.

"원종수 권사님이란 분이 어릴 때 공부를 못했는데, 기도하는 중에 하나님께서 찾아오셔서 '내가 무엇을 줄까?'라고 물으셨습니다. 그분은 '지혜를 주세요'라고 대답했는데 그때 하나님께서 그에게 '너의 어머니를 봐라. 집에 찾아오는 사람들에게 시원한 물을 대접했다. 가난하고 힘든 가운데서도 사람들이 찾아오면 내게 섬기듯 하고 자신은 못 먹어도 심방 오신 목사님을 위해 따뜻한 밥을 차려 주었다. 내가 그것을 하나도 잊지 않고 다 기억하고 있다. 내가 네게 지혜뿐만 아니라 구하지 아니한 큰 복을 주겠다'라고 말씀하셨습니다."

성령님께서 이 내용을 어머니께 전하라고 하셨습니다.

어머니는 지금 권사님이신데 예전에 과일 장사하실 때 어렵고 힘들어도 교회 목사님들을 항상 섬기고 성도들을 대접하고 챙기셨습니다. 그 모든 것을 알고 계시며 지켜보신 하나님께서 어머니를 칭찬하시며 축복의 말씀을 주신 것입니다. 나는 부모님께 목사님 설교 말씀을 전해 드렸습니다. 어머니께서 감격하시며 감사의 기도를 하셨습니다. 나도 하나님께 감사했습니다.

"하나님, 부모님을 억만 번이나 축복해 주세요."

주님께서 말씀하셨습니다.

"네가 정말 고마워해야 할 대상은 부모님이야."

나는 "아멘" 했습니다.

주님께서도 내게 물으셨습니다.

"무엇을 줄꼬? 내게 구하라."

"내가 네게 무엇을 줄꼬? 너는 구하라."(왕상 3:5)

나는 대답했습니다.

"변함없이 하나님을 경외하게 해주세요. 지혜, 부귀, 영화 다 주세요. 억만 배의 복을 주세요."

주님께서 내게 말씀하셨습니다.

"네가 구하지 않은 것도 줄게. 세트로 줄게. 다 줄게."

나는 감격하고 감사했습니다.

"와, 하나님. 억만 번이나 감사합니다."

하나님은 당신이 믿음으로 순종한 일을 하나도 잊지 않고 정확히 기억하시고 백배로 주십니다. 하나님께서 당신에게 지시해서 어떤 것을 순종했으면 그것이 무엇이든 다 잘했다고 믿으십시오. 하나님께서 당신이 순종한 것에 대해 반드시 백배 이상의 복을 주실 것입니다. 항상 하나님을 기대하며 감사하며 살기 바랍니다.

믿음의 기도를 하고 포기하지 마라

당신은 쉽게 포기하는 사람입니까?

예전에 나는 쉽게 포기하는 사람이었습니다. 조금 어렵거나 힘들고 부담이 되면 쉽게 포기하고 그만 두는 일이 많았습니다.

그랬던 내가 성령님을 만나고 점차 바뀌어 갔습니다.

성령님은 내가 어떤 일을 만나든 두려워하지 않고 부담 갖지 않게 도와주셨습니다. 모든 일을 성령님을 의지하게 하셨고, 항상 성령님께 묻고, 성령님께 도움을 구하며, 성령님을 앞에 모시는 삶을 살게 하셨습니다. 성령님께서 나를 도와주시므로 모든 일은 쉽고 가볍고 부담이 없었습니다.

사람은 무엇을 할 때 두려워하거나 부담이 있으면 주저하게 됩니다. 그러면 아무것도 못하고 움츠러들고 또 그것에 대해 어렵고 힘들고 무거운 짐처럼 느끼게 됩니다. 그러므로 어떤 일이 있을 때 마음에 부담을 갖지 말고 성령님께 '이 문제를 어떻게 할까요?'라고 묻고 의지하기 바랍니다. 그러면 방법을 알려주십니다.

지금까지 나는 성령님의 인도하심으로 책을 한 권씩 써낼 때마다 전적으로 그분을 의지했습니다. 성령님께서 내게 "책을 써라"고 말씀하시면 "책 잘 나왔음. 감사합니다" 하고 믿음으로 저질렀습니다. 기도하고 구한 것은 받았다는 믿음으로 감사하며 필요한 돈을 하나님께 구하고 환경에서 찾고 사람에게 두드렸습니다.

성령님께서 필요한 비용을 이미 다 주셨고 나는 그 돈을 임시로 맡고 있는 사람에게 부탁해야 했습니다. 성령님께서 어떤 사람을 떠올려 주시며 부탁하라고 하셨습니다. 나는 부탁했습니다. 때론 "안 된다"고 부정적으로 말하며 강하게 거절당하기도 했습니다. 그럴 때 나는 낙심하지 않고 다시 성령님께 여쭈었습니다.

"성령님, 어떻게 할까요? 주님께서 주신 돈이 어디 있나요?"

"성령님, 도와주세요."

다음날 성령님께서 세미한 음성으로 말씀하셨습니다.

"괜찮다. 포기하지 말고 다시 부탁해."

그리고 성령님께서 말씀하셨습니다.

"〈천배축복비결〉 책을 다시 읽어 봐."

그 책을 읽던 중 성령님께서 말씀하셨습니다.

"걱정하지 마라. 억만 번이나 다 채워 줄게."

그리고 또 말씀하셨습니다.

"〈상처받지 않는 비결〉 책을 다시 읽어 봐."

성령님께서 말씀하셨습니다.

"부담 갖지 마라. 그들은 나의 공급 파이프 중 하나다."

나는 또 연락해서 부탁드렸습니다. 그러나 안 된다고 거절했습니다. 성령님께서 내 마음에 다시 말씀하셨습니다.

"괜찮다. 또 부탁해. 될 때까지 부탁해서 꼭 받아 내라."

처음 한두 번 거절당할 때는 낙심이 되고 포기하고 싶고 도망치고 싶었지만 나는 또 부탁하고 부탁하여 결국 원하는 것을 받아 냈습니다. 성령님께서 내게 잘했다고 칭찬하셨습니다.

"구하라, 그리하면 너희에게 주실 것이요. 찾으라, 그리하면 찾아낼 것이요. 문을 두드리라, 그리하면 너희에게 열릴 것이니 구하는 이마다 받을 것이요. 찾는 이는 찾아낼 것이요. 두드리는 이에게는 열릴 것이니라."(마 7:7~8)

나는 책을 쓰라는 성령님의 음성을 가장 크게 여기고 순종하고 또 순종했습니다. 부탁하고 또 부탁했습니다. 마음의 부담이나 거절, 비난보다 주님의 음성이 더 컸기 때문입니다. 책을 써서 복음을 전해 영혼을 구원하는 일이 가장 귀한 일이었기 때문입니다.

모든 돈의 주인은 하나님이십니다. 나는 주의 종이므로 주인이신 주님의 음성만 듣고 순종할 뿐이지 사람과 환경을 바라보지 않습니다. 내가 사람과 환경을 따른다면 주의 종이 아닙니다.

나는 어쨌든 믿음으로 순종하고 또 순종하고, 믿음으로 부탁하고 또 부탁했습니다. 받았다고 믿고 얻을 때까지, 나타날 때까지 구하고 찾고 두드렸습니다. 먼저 순종하고 부탁한 뒤에 결과는 모두 주님께 맡겼습니다. 결국 원하는 것을 다 받아 냈고 여러 권의 책을 쓸 수 있도록 성령님께서 도와주시고 기적을 베풀어 주셨습니다. 무엇이든 하나님께 구하고, 구한 것은 받았다고 믿고 환경에서 찾고, 사람에게 두드리면 원하는 것을 얻게 됩니다.

전도도 귀신을 쫓는 것도 병을 고치는 것도 하나님께 구하고 예수 이름으로 명령하면 기적이 일어납니다. 예수님은 수많은 병자를 고치시고 수많은 귀신을 내쫓으셨습니다. 예수님은 포기한 적이 없습니다. 하나님께 구해서 다 응답 받으셨습니다. 수많은 사람을 전도하시고 귀신을 내쫓고 병든 자를 고치셨습니다.

"오늘과 내일은 내가 귀신을 쫓아내며 병을 고치다가
제 삼일에는 완전하여지리라."(눅 13:32)

구원자, 창조자, 권능자, 치료자, 전도자이신 예수님이 지금 우리 안에 실제로 살아 계십니다. 예수님께서 말씀하십니다.

"예수 이름으로 귀신을 쫓아내라. 새 방언을 말하라. 뱀을 집어 올려라. 병든 사람에게 손을 얹어라. 그러면 나을 것이다. 나을 때까지 얹어라. 귀신도 나갈 때까지 쫓아라."

"믿는 자들에게는 이런 표적이 따르리니
곧 저희가 내 이름으로 귀신을 쫓아내며 새 방언을 말하며

뱀을 집으며 무슨 독을 마실지라도 해를 받지 아니하며
병든 사람에게 손을 얹은즉 나으리라."(막 16:17~18)

어느 날 하나님께서 쓱 만지시면 기적이 일어납니다.
기도할 때 낙심하지 말고 전도할 때 낙심하지 마십시오.
한두 번 해보고 안 된다고 포기하지 말고 귀신도 나갈 때까지
쫓고 병도 나을 때까지 손을 얹으십시오. 믿음의 기도를 하고 받
았다고 믿으십시오. 찾을 때까지 찾고 열릴 때까지 두드리십시오.
어떤 일이 있어도 절대로 포기하지 마십시오. 때가 이르면 주
님이 반드시 응답하실 것이고 하루 만에 다 채워 주실 것입니다.
"하루 만에 다 주신다고 믿어라."
포기하지 말고 낙심하지 말고 끝까지 믿기 바랍니다.

"우리가 선을 행하되 낙심하지 말지니 포기하지 아니하면 때가 이
르매 거두리라."(갈 6:9)
"항상 기도하고 낙심하지 말라."(눅 18:1)
"다른 가까운 마을들로 가자, 거기서도 전도하리니 내가 이를 위
하여 왔노라."(막 1:38)

믿음의 기도를 하고 절대 포기하지 마십시오. 오늘도 응답 받
고 내일도 응답 받고 매일 응답 받는 기적 같은 삶을 사십시오.
성령님과 동업하고 복음을 전하며 전도하십시오.
예수님을 믿지 않으면 억만 배나 고통스러운 지옥에 가게 되고
예수님을 믿으면 천국에 넉넉히 들어갑니다. 가장 귀하고 가치
있는 일은 영혼을 구원하는 일입니다. 영혼 구원을 위한 큰 꿈을

갖고 성령님과 동업하십시오. 책을 써서 복음을 전하고 모든 때에 모든 방법으로 모든 사람에게 복음을 전하기 바랍니다.

"너희는 먼저 그의 나라와 그의 의를 구하라. 그리하면 이 모든 것을 너희에게 더하시리라."(마 6:33)
"책에 써서 후세에 영원히 있게 하라."(사 30:8)

나는 최고의 꿈이 이루어진 행운아다

나는 최고의 꿈이 이루어진 행운아다

당신은 꿈이 이루어져 행복하게 살고 있습니까?

나는 꿈이 이루어져 매일 행복하게 살고 있습니다.

나에게 여러 가지 꿈이 있었는데 그중에서도 가장 최고의 꿈은 서울목자교회에서 가족과 함께 평생 동안 행복한 예배를 드리며 믿음으로 사는 것이었습니다. 성령님의 인도하심으로 지금 그 꿈이 이루어져 이곳 서울 잠실에서 행복하게 살고 있습니다.

나는 21살 때도 잠실에 있는 서울목자교회에 다닌 적이 있었습니다. 대학 다닐 때 오빠와 언니랑 나는 함께 살았는데 언니를 따라 서울목자교회에 다녔습니다. 그때는 김열방 목사님이 전도사님이셨는데 주일 설교 말씀과 출간된 저서들로 성도들에게 온전한 복음을 전하셨습니다. 내가 서울목자교회에 다니기 전까지 안산과 서울에 있는 크고 작은 여러 교회들을 다녀 보았지만 어려운 설교 말씀과 답답한 궁금증들에서 헤어 나올 수 없었습니다.

'왜 교회 밖에만 나오면 자꾸 하나님과 멀어지는 걸까?'

'성경 말씀은 나한테 정말 어려운 내용이구나.'

21년간의 이 궁금증에 대한 해답이 김열방 목사님의 설교 말씀을 듣고 하나씩 따라 하다가 다 풀려 버렸습니다.

"성령님, 안녕하세요."

"성령님, 함께 가시지요."

"성령님, 횡단보도를 건널 때 함께 건너시지요."

"성령님, 도와주세요."

따라 하기만 했는데 신기하게도 기적이 일어났습니다.

집에 갈 때도, 학교에서 돌아올 때도, 쇼핑할 때도, 아르바이트할 때도 하나님이 항상 내 곁에 계셨습니다. 인격자이신 성령님이 실제로 나와 함께 계신다는 걸 깨달아 알게 된 것입니다.

나는 즉시로 성령 충만해졌습니다. 할렐루야!

그리고 시간이 흘러 결혼하고 아이를 낳아 대구에서 몇 년간 살았습니다. 다소 행복했지만 가족들과 함께 서울목자교회에서 주일을 지키고 말씀을 듣고 싶다는 마음이 떠나지 않았습니다. 2008년에 이사를 준비하며 바로 잠실로 이사 오고 싶었지만 우리 가족은 인천에서 살다가 산본으로 가서 4년 정도 더 머문 후에야 성령님의 인도로 이곳 잠실로 오게 되었고 지금은 최고의 행복을 누리며 살고 있습니다. 서울목자교회에서 행복한 말씀을 들으며 주일 성수하고 있는 이 시간이 지금도 실감이 잘 안 납니다.

나와 가족들이 이 귀한 말씀과 좋은 환경을 매주 접할 수 있다는 것은 정말이지 최고의 행운입니다. 이 최고의 행운을 얻은 내가 성령님을 위해 할 수 있는 일이 무엇이 있을까요?

첫째. 이 귀한 행운을 마음껏 누리는 것입니다.

나는 성령님과 함께 살고부터 가면 갈수록 더 긍정적인 사람이 되어 가고 있습니다. 실제로 나는 이런 말을 입에 달고 삽니다.

"와, 억만 번이나 행복합니다."
"와, 억만 번이나 감사합니다."

내 입이 웃지 않는데 이런 말을 할 수 있을까요? 결코 그럴 수 없습니다. 나는 실제로 작은 것에서부터 행복을 느끼며 감사하고 웃으며 살고 있습니다. 내 안에 항상 기뻐하시는 성령님이 실제로 살아 계시기 때문입니다. 성경은 말씀합니다.

"항상 기뻐하라. 범사에 감사하라."(살전 5:16, 18)

성령님은 예수 그리스도를 금방 영접한 당신에게도 똑같이 말씀하십니다. 당신은 마음껏 웃으며 행복해 해도 됩니다.

"너희도 그들 중에서 예수 그리스도의 것으로 부르심을 받은 자니라. 로마에서 하나님의 사랑하심을 받고 성도로 부르심을 받은 모든 자에게 하나님 우리 아버지와 주 예수 그리스도로부터 은혜와 평강

이 있기를 원하노라."(롬1:6~7)

둘째, 마음껏 성령님과 교제를 나누며 감사하는 것입니다.

나는 틈만 나면 내 입으로 소리 내어 방언 기도를 합니다. 방언은 영의 기도입니다. 성령님과 나만의 비밀을 말하는 기도입니다.

나는 김열방 목사님의 안수 기도를 통해 21살 때 사모하던 방언을 받고 무척 기뻤습니다. 감사해서 눈물이 났습니다. 그러나 성경 말씀을 잘 깨닫지 못해 방언을 말하지 않은 날이 많았습니다. 그런데 어느 주일날 설교 말씀을 통해 성경 말씀을 깊이 깨닫게 되었습니다. 사도 바울은 고린도교회 성도들에게 말했습니다.

"내가 너희 모든 사람보다 방언을 더 말하므로
하나님께 감사하노라."(고전14:18)

그날 이후로 나는 수시로 교회에 가서 기도하거나 집에 있는 나만의 공간에서 혼자 시간을 내어 방언 기도를 합니다. 요리하면서, 자전거 타면서, 청소하면서도 입을 열어 "할렐루야. 할레레렐레" 하며 방언 기도를 합니다. 날마다 감사가 터져 나옵니다.

셋째, 온전한 복음을 전하는 일입니다.

나는 책 쓰는 것을 엄청 좋아합니다. 책을 쓰고 나면 성령님과 교제가 더욱 풍성해지고 자존감이 높아집니다. 내가 누리고 있는 온전한 복음이 책 속에 그대로 들어가기 때문에 성령님이 그 책을 통해 나와 책을 읽는 독자들의 모든 연약한 것을 치료하시고 자존감을 높이시는 것입니다. 나는 요즘 하나님의 말씀인 성경책을 엄청 재밌게 읽고 있습니다. 온전한 복음을 전하려고 책을 쓰기 시작하고 그 책에 성경 말씀을 넣으려고 성경 구절을 찾다가 "성경책이 이렇게 재미있었나?" 하고 성경책의 재미를 다시 알게 되었습니다. 요즘은 출애굽기에서 하나님과 모세의 대화를 읽고 있는데 틈만 나면 성경책을 손에 잡을 정도로 재밌습니다. 성경책이 두꺼워서 오랫동안 읽을 수 있어 정말 다행입니다. 그래서 더 행복합니다. 나도 오랫동안 온전한 복음을 전하는 책을 계속 더 많이 써낼 것입니다. 나는 저술을 통해 말씀 사역을 합니다.

"우리는 오로지 기도하는 일과 말씀 사역에 힘쓰리라."(행 6:4)

당신도 인생을 살면서 많은 꿈들을 가지고 있을 것입니다. 그 꿈들이 모두 이루어지는 행운이 당신에게도 분명히 옵니다. 그러려면 어떻게 해야 할까요? 모든 일을 끝에서부터 시작하면 됩니다. 하나님은 끝에서부터 시작하시는 분입니다. "모든 꿈이 이루어지고 나면 그때 하나님을 믿어야지"라는 생각을 뒤집어 "하나님을 믿으면 내 모든 꿈을 그분이 이루어 주셔"라고 말하십시오.

지금 나와 함께 이렇게 말해 보실까요?

"나는 예수님이 십자가에서 나의 죄를 위해 죽으신 것을 믿습니다. 예수님은 나의 구주이십니다. 한없이 감사합니다. 아멘."

이제 당신 안에 예수님의 영이신 성령님이 가득히 들어오셨습니다. 성령님과 함께 당신의 인생에 많은 꿈들을 만들고 이루고 누리면서 항상 행복한 삶을 살기 바랍니다.

인생은 꿈대로 믿음대로 됩니다.

인생의 해답은 하나님의 뜻대로 항상 기뻐하는 것이다

당신은 여행을 좋아합니까?

나는 여행을 좋아합니다. 지금의 셋째 딸 없이 4인 가족이었을 때 우리 가족은 필리핀 세부로 여행을 떠났습니다. 패키지여행을 남편이 꼼꼼하게 준비한 덕분에 마냥 즐겁게 놀았습니다. 그런데 문제는 돌아갈 때였습니다. 한국으로 돌아갈 비행기가 2시간, 1시간 반, 30분, 자꾸 연착되는 것이었습니다. 그때 남편도 나도 직장에 다니고 있었기 때문에 어떤 일이 있어도 다음날 출근해야 했습니다. 나는 그때 정말 화가 났습니다. 그동안 즐거웠던 여행에 감사함을 잃고 불평하고 씩씩거리며 인상을 찡그렸습니다.

'이런 여행은 오지 말았어야 했어.'

지금 생각하면 참 어리석은 생각이었습니다.

최근에 고등학생인 큰딸과 이런 대화를 나눈 적이 있습니다.

"엄마, 저는 수학여행 안 가고 나중에 일본 여행 갔다 올게요."

"그래. 엄마랑 같이 일본 여행 가자."

"어, 왜요? 전 친구랑 갈 건데요."

나는 그때 생각했습니다.

'예전에 필리핀 여행 갔다 오길 잘했네. 크니까 엄마보다 친구

랑 여행가는 걸 더 좋아하는구나. 지금 생각하니 세부 여행 갔을 때가 억만 번이나 감사한 시간이었어.'

나는 지금이라도 말합니다.

"와, 하나님. 억만 번이나 감사합니다."

나는 지금도 내 삶의 여행을 합니다. 인생을 살다 보면 여행 중에 예기치 못한 일을 만난 것처럼 갑작스런 문제가 생기기도 합니다. 때로는 두세 가지 문제가 동시에 생기기도 합니다. 그러면 한 가지는 다른 사람이 감당하도록 맡겨야 할 때도 있습니다. 그 과정 중에 또 다른 문제가 발생하기도 합니다. 우리 인생에서 꼬리에 꼬리를 무는 문제에 대한 해결책은 무엇일까요?

나는 이 해결책을 찾았습니다.

첫째, 좋은 선택을 해야 합니다.

'문제를 바라볼 것이냐? 성령님을 바라볼 것이냐?'

이 둘 중에 후자를 선택하십시오. 성령님을 바라보면 문제가 해결됩니다. 이번 주 주일 설교 시간에 이런 말씀이 있었습니다.

"여러분, 자기 손바닥을 꺼내어 보십시오. 그걸 보며 이렇게 말하십시오. 내 손바닥은 예수님 손바닥이다."

크신 예수님의 영이신 성령님이 내 손바닥을 자신의 손바닥으로 덮으셨습니다. 그러므로 나는 문제가 생길 때마다 내 작은 손바닥을 펴고 그 위에 얹힌 성령님의 큰 손바닥을 바라봅니다.

"성령님의 크신 손바닥에 이미 해결된 문제가 있음을 감사드립니다. 다 해결되었습니다. 억만 번이나 감사합니다."

그러면 문제가 해결되고 찡그린 내 얼굴이 평온해지는 놀라운 기적을 보게 됩니다. 당신도 작은 손바닥 위에 겹쳐진 크신 성령님의 손바닥을 바라보기로 선택하기 바랍니다.

둘째, 지금 "억만 번이나 감사합니다"라고 말하십시오.

여행에서 잠깐씩 겪는 염려는 지나고 보면 아무것도 아닙니다. 정말 작은 염려입니다. 이처럼 하나님이 계획하신 내 삶의 여정에서도 작은 염려들은 잠깐 있다가 지나갑니다. 지나고 보면 너무나 소중한 시간에 원망과 불평을 했다는 걸 깨닫게 됩니다.

그래서 나는 요즘 문제가 생겼을 때 그 문제와 이유를 몰라도 입버릇처럼 달고 사는 말이 있습니다.

"와, 억만 번이나 감사합니다. 억만 번이나 행복합니다."
"예수 이름으로 명하노니 문제는 당장 해결되라."

차가운 에어컨 바람 때문에 어이없이 심한 감기 몸살에 걸려 누워 있을 때도 나는 원망과 불평 대신 이렇게 말합니다.

"억만 번이나 감사합니다. 억만 번이나 행복합니다."
"예수 이름으로 명하노니 감기 몸살은 당장 떠나가라."

이 말들은 내 입에 찰싹 달라붙어 입만 벌리면 나오는 문장이기 때문에 어떤 시간이나 상황에서도 자동으로 튀어 나옵니다.

당신도 지나간 시간을 되돌아보고 오늘부터는 원망과 불평 대신에 오직 감사만 말하기 바랍니다. 지금 이 순간의 여행을 좋아하고 즐기십시오. 당신의 소중한 인생 여행에 성령님만 바라보며 기뻐하고 감사하며 살기 바랍니다. 당신을 한없이 축복합니다.

"항상 기뻐하라. 쉬지 말고 기도하라. 범사에 감사하라.
이것이 그리스도 예수 안에서 너희를 향하신
하나님의 뜻이니라."(살전 5:16~18)

나에게는 염려하지 않는 습관이 있다

당신은 주일 예배 시간에 찬양을 합니까?

나는 주일 예배 시간에 기쁜 마음으로 찬양을 합니다.

내가 다니는 서울목자교회는 주일에 정말 좋은 찬양을 많이 부릅니다. 찬양 가사 자체에 의성건부지평생(의, 성령 충만, 건강, 부요, 지혜, 평화, 생명)의 온전한 복음이 다 들어 있습니다. 좋은 찬양 중에는 내 입에 딱 달라붙어 늘 불리는 찬양이 있는데 '내게 강 같은 평화'라는 곡입니다. 교회에서 조금만 걸으면 한강 공원이 있기 때문에 우리 교회에서는 이렇게 한 절씩 부릅니다.

"내게 한강 같은 평화. 내게 한강 같은 평화."

"내게 한강 같은 성령, 내게 한강 같은 건강, 내게 한강 같은 부요, 내게 한강 같은 지혜, 내게 한강 같은 생명, 내게 한강 같은 천국, 내게 한강 같은 능력, 내게 한강 같은 사랑 넘치네. 할렐루야."

예배 시간에, 집에서, 또는 길을 걷거나 자전거를 탈 때도 이

찬양이 내 입에서 끊이지 않습니다. 왜일까요? 내 안에 실제로 이 모든 것이 가득하기 때문입니다. 그래서 나는 어떤 일이 있어도 염려하지 않습니다. 염려는 습관입니다. 당신도 '염려 하는 습관'이 있다면 '염려 안 하는 습관'으로 바꾸기 바랍니다.

내가 잠깐이라도 염려하려고 하면 나의 주인님이신 성령님께서 내 마음에 이렇게 말씀하십니다.

"은하야, 나를 봐. 1초도 염려하지 마라."

"네, 성령님."

주일날 설교 말씀의 제목인 "일초도 염려하지 마라"를 성령님은 내 귀에 닳도록 이야기하시며 나에게 평안함을 주십니다. 그래서 나는 문제가 생길 때마다 인상 쓰며 염려하기보다는 오히려 기쁨과 평화로움 속에서 주님과 대화하는 습관이 생겼습니다.

우리는 하나님의 뜻을 따라 살며 염려하지 않는 몇 가지 습관을 가져야 합니다. 그중에 세 가지를 말씀드리겠습니다.

첫째, 연속적으로 성령님을 바라보는 습관을 가져야 합니다.

예전에는 성령님을 바라보다가도 흥미로운 일이 생기면 성령님은 보이지 않고 그곳에만 푹 빠져 있다가 잠잘 때가 되어서야 성령님을 바라보게 되는 날이 많았습니다. 나는 그때마다 마음이 깊이 침체되어 있음을 알게 되었고 자신감이 없어지고 사람들과 만나고 싶지도 않았습니다. 그래서 나는 하루 종일 끊임없이 성령님과 교제하고 싶다고, 내 인생을 바꿔 달라고 기도했습니다.

"성령님, 저를 1분 1초마다 바라봐 주세요. 꼭 부탁드립니다."

그러자 점점 변화가 생겼습니다. 5시간마다 2시간마다 30분마다 10분마다 점점 성령님을 보지 않는 시간이 줄게 되었습니다.

"은하야. 은하야. 은하야."

성령님은 계속 나를 부르십니다. 그때마다 나는 대답합니다.

"네, 성령님. 네, 성령님. 네, 성령님."

그러면 내 눈이 반짝반짝하며 성령님의 눈을 바라봅니다.

"내가 항상 내 앞에 계신 주를 뵈었음이여, 나로 요동하지 않게 하기 위하여 그가 내 우편에 계시도다."(행 2:25)

둘째, 경제적으로 염려하지 않는 습관을 가져야 합니다.

사도 바울은 "나의 하나님이 그리스도 예수 안에서 영광 가운데 그 풍성한 대로 너희 모든 쓸 것을 채우시리라"(빌 4:6~7)고 말했습니다. 주일 설교 말씀에 이런 내용이 있었습니다.

"여러분, 한 달에 천만 원 버는 사람이 1200만 원 쓰면 매달 200만 원씩 빚지고 사는 것입니다. 의사나 변호사 등 전문직을 가진 사람 중에 습관을 따라 외식하고 각종 장비나 자동차를 할부로 자주 바꿉니다. 그래서 버는 수입보다 씀씀이가 더 큽니다."

나도 그럴 때가 있었는데, 경제적으로 염려를 자주 하니 눈이 어두워지고 내가 가진 여러 꿈에 대해 의심이 생기곤 했습니다.

지금은 성령님께서 아주 좋은 습관을 주셔서 염려 없는 삶을 삽니다. 그것은 곧 돈을 쓸 때 성령님께 묻는 것입니다.

"성령님, 이것을 살까요? 말까요?"

나는 천 원이든 천만 원이든 성령님께 묻고 돈을 씁니다.

성령님께서 정말 친절하게 나를 코치하셔서 지금은 개인적으로 하루 동안 커피 값 외에는 돈을 거의 쓰지 않습니다.

셋째, 작은 것에 감사하는 습관입니다.

나는 아무리 작은 것에도 감사합니다. 방바닥을 닦다가 10원이 나오면 억만 번이나 감사하며 미니 서랍에 넣어 둡니다. 큰돈을 주셔도 기뻐 뛰고 춤을 추며 억만 번이나 감사합니다. 하나님은 작은 것에 감사하는 사람의 기도에 더 많이 응답하십니다.

"감사함을 넘치게 하라."(골 2:7)

좋은 습관이 좋은 인생을 만든다

당신은 일상생활 중 좋은 습관이 있습니까?

나는 일상생활 중 여러 좋은 습관이 있습니다. 어떤 것일까요?

"나는 생글생글 웃는다. 긍정적인 말을 입에 달고 산다. 그 외에도 양치할 때 치약을 최대한 조금만 짜서 쓰기, 칫솔을 위아래로 쓸어내리며 부드럽게 양치하기, 집밥 먹기, 설거지와 요리하기, 옷 개기, 음료수 대신 물 마시기, 자기 전에 샤워하기 등."

내가 좋은 습관을 갖게 된 이유는 '생각하고 깨달음을 얻었기 때문'입니다. 당신도 생각하고 깨달음을 얻어야 인생이 바뀝니다.

나는 아침에 제일 먼저 카페에 앉아 성령님과 함께 그날 일의 진행에 대해 생각하고 메모합니다. 전지전능한 하나님의 영이신 성령님은 내게 날마다 전 세계와 전국과 내 가정의 일을 위해 지시하십니다. 나는 그 지시대로 명령을 내립니다.

오늘은 이런 지시를 받고 기도했습니다.

"예수 그리스도 이름으로 명하노니 전국과 전 세계 사람들은 예수님의 좋은 습관을 닮을지어다."

나와 모든 이웃들을 위해 기도하고 난 후에 나는 그대로 되었다고 믿습니다. "그러므로 내가 너희에게 말하노니 무엇이든지 기도하고 구하는 것은 받은 줄로 믿으라. 그리하면 너희에게 그대로 되리라"(막 11:24)고 말씀했기 때문입니다.

나는 곧바로 응답을 받은 줄로 믿고 삽니다.

당신은 어떤 좋은 습관을 가지고 있나요?

나의 여러 좋은 습관을 세 가지로 정리해서 말씀드리겠습니다.

첫째, 가장 먼저 성령님과 함께 책 읽고 깨달음을 얻는 시간을 갖습니다. 한 가지라도 깨달으면 천년을 더 산 것 같습니다.

둘째, 성령님을 완전히 믿고 긍정적인 말만 하고 항상 기뻐합니다. 당신도 성령님을 완전히 믿고 긍정적인 말만 하고 항상 기뻐하기 바랍니다. 이것이 하나님이 기뻐하시는 믿음의 삶입니다.

오늘 오후에는 아들이 다른 날보다 일찍 집에 돌아왔습니다. 기말고사 시험 준비를 도와줄 친구랑 왔다며 그 친구가 밖에서 기다리고 있다고 했습니다. 나는 잠깐 들어와 의자에 앉아 기다리게 했고 땀을 흘리는 아이들에게 수박을 좀 내주었습니다.

"해수를 도와줘서 고마워. 그런데 혹시 너는 예수님을 믿니?"

"아, 네. 저는 어릴 때부터 교회 다녔어요. 저희 할아버지도 목사님이시고요. 근데 저는 요즘 교회 안 나가요."

나는 가슴이 철렁 내려앉는 것 같았습니다. 그 아이가 하나님이 얼마나 사랑하는 귀한 자녀인지 잘 알기 때문입니다.

나는 성령님과 무언의 교감을 나누고 아들과 함께 〈꿈과 소원 목록을 적으면 그대로 된다〉를 한 권 친구에게 선물했습니다. 성령님께서 내 마음에 '네 아들에게 학교 지식을 주는 친구에게 하나님의 말씀으로 접대하라'고 말씀하셨기 때문입니다.

당신도 하나님을 믿는 습관을 가지십시오. 그러면 긍정적인 말과 성경 말씀으로 남을 접대하는 습관을 갖게 됩니다.

셋째, 좋은 일상생활 습관입니다.

나는 핸드폰을 자주 손에 갖고 있습니다. 핸드폰을 손에 들면 서울목자교회 카페부터 열어봅니다. 그리고 메모 앱을 열고 성령님과 대화를 나눈 내용을 글로 씁니다.

"성령님, 안녕하세요."
"성령님, 사랑해요."
"양말 모아 헹굼 2번 돌리고 물에 담가 때 불리기."
"내일은 간식으로 옥수수 찌기"
"오늘은 냉장고 속 아욱으로 국 끓이기."
"화장실 세면대 밑의 타일 줄눈 청소하기."
"핸드폰 액정 닦기."

나의 일상생활은 성령님과 동업하며 습관을 따라 계속됩니다.
때로 육체의 핑계를 대며 좋지 않은 습관의 말을 하기도 하지만 성령님은 그런 나의 말을 1초 만에, 몇 분 만에 바꾸십니다.

당신도 지금 예수님의 영이신 성령님과 동업하면 일상생활에서 좋은 습관을 따라 살 수 있습니다. 이것을 믿고 항상 성령님을 존중히 모시는 삶을 살기 바랍니다. 당신을 축복합니다.

예수님의 좋은 습관을 닮은 이야기

당신은 좋은 습관을 가지고 살고 있습니까?

나는 좋은 습관을 만들고 그 습관을 따라 살고 있습니다.

나는 아침부터 잠자리에 들기까지 습관을 따라 삽니다. 아침에 일어나면 먼저 성령님과 함께 집을 한 바퀴 돕니다. 그리고 내 모습을 단정히 하고 물이나 소박한 음식을 조금 먹습니다. 그리고 셋째 딸아이를 어린이집에 데려다 주고 스타벅스에 갑니다.

나는 카페에서 그날 할 일을 성령님과 의논합니다. 그리고 핸드폰 메모란에 적습니다. 어디로 이동하든지 혀를 움직여 30초라도 방언 기도를 합니다. 식사, 산책, 청소, 아이랑 놀기, 요리, 샤워하고 잠들기 등 습관을 따라 하루 생활이 반복됩니다. 특별한 모임이나 행사가 있어도 이 틀에서 거의 벗어나지 않습니다.

물론 정해진 시간 안에서 성령님의 지시에 따라 약간의 시간 조정과 변화는 가능하지만 잠들고 일어나는 시간은 변하지 않습니다. 나는 예전에 습관을 따라 살지 않고 그때그때 환경의 변화와 내 감정, 지인들의 말에 얽매여서 주로 하루를 보냈습니다.

그런 내가 21살 때 성령님을 알게 되었고 그분을 존중히 모시고 살면서 그분의 좋은 습관을 점점 닮아 갔습니다. 성령님은 예수님의 영이십니다. 예수님도 습관을 따라 사셨습니다.

예수님께는 어떤 습관이 있었을까요?

첫째, 예수님은 습관을 따라 기도하셨습니다.

나도 예수님의 영이신 성령님과 함께 습관을 따라 기도합니다.

하루는 우리 집에 나만의 작업실을 하나 새로 만들었습니다. 주방과 동선이 짧은 세탁실을 작업실 겸 세탁실로 만드니 오래 끓이는 요리는 가스 불에 올려놓고 잠깐 앉아 기도하거나 읽고 싶은 책을 읽기에 좋았습니다. 집에서나 밖에서나 성령님과 나만의 기도 시간을 만들면 하나님께서 더 풍성한 지혜를 주십니다.

둘째, 예수님은 습관을 따라 말씀 사역을 하셨습니다.

마가복음에 보면 예수님이 회당이나 바닷가에서 부지런히 말씀을 가르치신 장면이 나옵니다. 나도 부지런히 말씀을 가르칩니다.

얼마 전에 시골 부모님 집에 가서 복분자를 땄습니다.

나는 핸드폰으로 찬양을 듣고 불렀습니다.

한참 따다가 엄마에게 말했습니다.

"처음으로 복분자를 따는데 가시에 몇 번 찔리니 손이 따끔거리고 아프네요. 엄마, 그동안 많이 힘드셨겠네요."

엄마가 땀을 닦으며 말씀하셨습니다.

"내가 하루는 '주님, 땀을 많이 흘리니 힘들고, 많은 양을 따니까 몸이 좀 지치네요'라고 말씀드렸더니 이런 마음을 주시더라. '복분자 하나하나 따며 돈이라고 생각해라. 그것으로 자급자족할 수 있어 얼마나 행복하니?' 그때부터 일하는 것이 즐겁더라."

"와, 엄마 대단하세요."

"엄마, 지난주일 설교 말씀에 야곱이 6년 만에 큰 복을 받았대요. 우리도 야곱처럼 6년 만에 하나님께 큰 복을 받을 거예요."

나는 엄마에게 말씀 전하는 시간이 행복했습니다.

셋째, 예수님은 습관을 따라 혼자만의 시간을 가졌습니다.

지금 예수님은 성령으로 우리 안에 와 계십니다. 성령님과 혼자만의 시간을 갖는 것은 정말 즐거운 시간입니다. 나는 혼자 카페에서 책 읽고 생각하면서 여러 가지 지혜를 얻고 메모합니다. 그런 후에 카톡으로 자녀에게 그날 공유하고 가르칠 것을 전달합니다. 예전에는 붐비는 곳에서 시간을 많이 보냈습니다. 그러나 나 혼자 있을 때 성령님께서 귀한 깨달음을 주시는 행복감을 맛보고 나서는 습관을 따라 혼자만의 시간을 갖습니다. 당신도 혼자만의 시간을 갖는 습관을 가져 보십시오. 한적한 곳을 찾고 기도하는 좋은 습관을 가지고 살면 더 풍성한 삶을 누리게 됩니다.

좋은 습관을 몸에 익힌 사람은 마치 돈 안 드는 보험을 들어 두는 것처럼 자신의 삶을 더 풍요롭게 만들어 가는 사람입니다. 좋은 습관이 10년 가고 100년 갑니다. 이것을 믿고 예수님의 좋은 습관을 많이 배워 더 풍성한 삶을 누리기 바랍니다.

당신을 한없이 축복합니다.

나와 항상 같이 다니시는 성령님

당신은 항상 같이 다니는 분이 있습니까?

나는 모든 장소에 항상 같이 다니는 분이 있습니다. 누굴까요?

시장을 갈 때도 항상 같이 다니는데 그분은 하나님 곧 내 안에 가득히 들어와 계신 성령님입니다. 그래서 늘 행복하고 신납니다.

우리 동네 떡 가게 사장님은 떡을 좋은 재료로 잘 만드십니다. 그래서 자주 들르곤 했는데 떡을 구매할 때 종종 여사장님이 다른 떡을 내게 선물하곤 했습니다. 나는 여사장님을 처음 뵈었을 때 내 책을 사서 읽어보라고 부탁했습니다.

그때 여사장님은 이렇게 대답했습니다.

"싫어요. 관심 없어요."

그 후로는 책을 보여드린 적이 없었지만 성령님은 나에게 몇 번 정도 더 권하라고 말씀하셨습니다.

"여사장님이 네가 쓴 책을 읽도록 권해라."

장보러 가는 길에 떡 가게에 들렀는데 성령님께서 두 번 정도 지시하셨습니다. 그래서 나는 〈저절로 잘되는 나〉를 가방에서 꺼내 그분에게 한 권 선물하며 서울목자교회 위치를 알려주었습니다. 내 옆에 계신 성령님은 이렇게 나와 항상 함께 다니십니다.

"이에 열둘을 세우셨으니 이는 자기와 함께 있게 하시고
또 보내사 전도도 하며."(막 3:14)

신약시대에 예수님은 사람의 몸으로 계시며 열두 제자를 자기와 함께 있게 하셨습니다. 또 그들이 전도하도록 보내셨습니다. 그 예수님이 이제는 영으로 오셔서 내 안에 살고 계십니다.

성령님이 내 안에 한강처럼 가득히 들어와 계십니다.

성령님은 나에게 계속 세미한 음성으로 말씀하십니다. 그 말씀 중에 가장 많이 듣는 말씀이 몇 가지 있습니다. 무엇일까요?

첫째, 내 이름을 부르십니다.

"은하야."

아침에 부르시고 점심에 또 부르십니다.

"은하야, 오늘 점심은 야채샐러드 먹자."

조금 있다 또 부르십니다.

"은하야, 나를 봐."

나는 대답합니다.

"네, 성령님."

"네, 성령님. 저 여기 있습니다."

"네, 성령님. 말씀해 주세요."

성령님은 나와 함께 있는 것을 좋아하시며 나도 성령님과 함께 있어서 행복하고 감사합니다. 나는 성령님을 존중합니다.

"성령을 소멸하지 말라."(살전 5:19)

둘째, 전도하게 하십니다.

내가 성령님과 함께 항상 가지고 다니는 것이 있습니다.

그것은 바로 내 책입니다. 나는 얼마 전에 출간한 〈나의 사랑하는 성령님〉을 포함해 총 7권의 책을 저술했습니다. 나는 그날마다 성령님께 묻고 책을 꼭 가방에 넣어 가지고 집을 나섭니다.

언제 어느 때 어떤 사람에게 온전한 복음을 전하며 책을 팔거나 선물하게 될지 모른다는 생각 때문입니다. 그 생각은 성령님이 내 옆에 항상 계셔서 전도하게 하시기 때문에 할 수 있는 '믿음의 생각'입니다. 책은 내 대신 전 세계에, 전국적으로, 온 동네에 온전한 복음 전도를 합니다. 사람들은 감정과 상관없이 책 자체를 받아들입니다. 당신도 책으로 전도하고 선교하십시오.

"책에 써서 후세에 영원히 있게 하라."(사 30:8)

당신도 항상 함께 다닐 사람이 있기를 바라지 않나요?
성령님이 당신의 친구가 되어 주십니다. 순간마다 그분의 음성을 듣고 그분을 부르십시오. 성령님은 당신 안에 가득히 계시며 당신과 함께 친밀하게 사귀며 연애하기를 원하십니다.
"성령님, 안녕하세요. 저와 함께 가시지요."
성령님이 영원히 당신과 함께 계십니다. 할렐루야!

나는 영마몸이 모두 건강하다

당신은 건강한 먹거리를 가족에게 먹입니까?
나는 건강한 먹거리를 골라서 가족에게 먹입니다. 무엇을 먹느냐는 그 사람의 마음과 몸을 형성하기 때문에 매우 중요합니다.
오늘 아침에 현장학습 가는 아들에게 김밥을 싸 주었습니다.

어제 학부모 단체 카톡에 "김밥을 맞춰 배달시키려고 하니 지금 신청하세요"라고 연락이 와서 나는 성령님께 여쭈었습니다.

"성령님, 해수는 어떻게 할까요?"

나는 성령님이 "직접 도시락을 싸 주라"고 하셔서 집에 있는 깻잎과 참치를 이용해 참치 김밥을 맛있게 싸 주었습니다.

우리의 몸은 그 어떤 것보다도 귀합니다.

"너희는 너희가 하나님의 성전인 것과 하나님의 성령이 너희 안에 계시는 것을 알지 못하느냐."(고전 3:16)

우리 몸은 하나님의 성전입니다. 우리 안에 하나님의 영이신 성령님이 넘치게 계시기 때문입니다. 그러면 어떻게 해야 하나님의 성전인 나의 영과 마음과 몸을 잘 관리할 수 있을까요?

첫째, 우리의 영을 잘 관리해야 합니다.

나는 수시로 또는 시간을 내어 5~10분이라도 영의 기도인 방언 기도를 합니다. 주일 설교 말씀에 이런 내용이 있었습니다.

"여러분, 영마몸의 기도가 있습니다. 방언으로 말하는 영의 기도, 한국말처럼 자기 나라 언어로 말하는 마음의 기도, 육체로 금식하는 몸의 기도입니다. 특히 영의 기도를 많이 하기 바랍니다."

영이 가장 중요합니다. "육신의 생각은 사망이요 영의 생각은 생명과 평안이니라"(롬 8:6)고 했습니다. 먼저 영이 건강하면 우리의 생각과 행동이 평안하고 풍성한 생명을 갖게 됩니다.

둘째, 우리 몸을 깨끗하게 관리해야 합니다.

영이 건강하면 우리 몸을 깨끗하게 관리하고 싶어집니다.

나는 밖에서 파는 음식을 보지 않고 집에 와서 깨끗한 음식을 먹습니다. 이것도 습관입니다. '밖에서 파는 음식을 보는 습관'을 '밖에서 파는 음식을 안 보는 습관'으로 바꾸어야 합니다. 눈을 돌려 보는 순간 그것에 대한 욕구가 불같이 일어나기 때문입니다.

하와도 선악과를 '보는 순간' 죄를 짓게 되었습니다.

"여자가 그 나무를 '본즉' 먹음직도 하고 보암직도 하고 지혜롭게 할 만큼 탐스럽기도 한 나무인지라. 여자가 그 열매를 따먹고 자기와 함께 있는 남편에게도 주매 그도 먹은지라."(창 3:6)

일본의 한 강연가가 이런 말을 했습니다.

"편의점에서 파는 포장된 샌드위치에는 60여종의 식품첨가물이 들어 있고 삼각 김밥에는 20여종의 식품첨가물이 들어 있다."

이 강연가는 식품첨가물 만드는 회사에 근무했는데 결혼해서 자녀를 낳으니 도저히 자녀에게는 그것을 먹일 수 없어서 회사를 그만 두고 나와 많은 사람들에게 식품첨가물의 위험성을 알리고 있다고 했습니다. 나라마다 편의점 음식이 다르겠지만 우리가 편의점에서 사 먹는 것 중에 건강에 좋지 않은 것이 너무 많습니다.

당신도 외출하기 전에 집에서 미리 밥을 챙겨 먹고 나가는 습관을 가지십시오. 하나님께서 성경에서 먹으라고 하신 깨끗한 음식 곧 '곡채과소양가생'(곡식, 채소, 과일, 소고기, 양고기, 가금류, 생선)을 골라서 드십시오. 그러면 집밥 외에는 먹고 싶은 것이 없게 될 것입니다. 집밥이 최고의 럭셔리한 음식입니다.

셋째, 주위 환경을 깨끗하게 잘 관리해야 합니다.

나는 집에서 주방과 욕실을 청소하는데 신경을 많이 씁니다.

성령님께 이렇게 말하며 설거지하고 청소합니다.

"성령님, 제가 먹고 난 그릇은 바로바로 씻는 습관을 갖게 해주세요. 욕실을 잡다한 물품 없이 심플하게 쓰게 해주세요."

지난 주일에 이런 설교 말씀을 들었습니다.

"여러분, 성령이 임한 사람은 깨끗한 것을 좋아합니다."

성령님은 그분의 지혜로 보이지 않는 내 영과 몸, 보이는 주변 환경까지 모두 깨끗하고 건강하게 유지하도록 도와주십니다.

당신도 예수님을 믿으십시오. 지혜의 영이신 성령님이 당신 안에 가득히 들어오셔서 당신의 영과 몸을 관리해 주십니다.

그런 당신이 가족에게 건강한 먹거리를 먹일 수 있습니다.

당신을 한없이 축복합니다.

가장 정확한 것은 성령님의 평가다

당신은 누구에게 평가를 받으며 살고 있습니까?

나는 세상 사람들의 평가보다 하나님의 관심과 격려를 받으며 살고 있습니다. "칼로 찌름 같이 함부로 말하는 자가 있거니와 지혜로운 자의 혀는 양약과 같으니라"(잠 12:18)는 말씀처럼 세상 사람들은 내게 칼질하듯 함부로 말하며 마구 평가했습니다.

"독서실에서 살았는데 겨우 45점이야?"

"그렇게 느려서 사회생활을 어떻게 하니?"

"나이가 몇 살인데 겨우 그 정도 돈밖에 없어?"

"왜 이렇게 융통성이 없어? 아휴, 답답해."

학창시절부터 결혼 초까지 이런 이야기를 자주 들었습니다.

사람들은 나를 평가했지만 나는 그 평가에 집착하지 않고 하나님이 나를 어떻게 생각하실지 궁금해 했습니다. 그러다가 21살 때 김열방 목사님의 책 〈성령님과 교제하는 방법〉을 읽고 내 인생이 바뀌었습니다. 나는 성령님을 존중히 모시고 살기 시작했습니다. 나는 매일 매순간 습관적으로 이렇게 물었습니다.

"성령님, 제가 이렇게 하면 어떨까요?"

"성령님, 괜찮을까요?"

"성령님, 말씀해 주세요."

"성령님, 오늘 제 얼굴이 예쁜가요?"

나는 사람들의 평가 대신 성령님의 음성을 들었습니다.

"잘하고 있다. 내 사랑하는 딸."

"예쁘다. 하나뿐인 내 딸."

"너는 이미 성공했어."

"너는 지혜가 가득해."

"이는 그가 지혜와 총명을 우리에게 넘치게 하사"(엡 1:8)라는 말씀대로 우리 안에 날마다 지혜와 총명을 넘치게 하시는 성령님이 실제로 살아 계십니다. 그러므로 사람들의 평가를 듣고 계획을 다시 짜지 말고 성령님의 음성을 듣고 그대로 실천하며 살아야 합니다. 왜 그렇게 성령님의 음성을 따라 살아야 할까요?

첫째, 만왕의 왕이신 하나님의 말씀이 최고의 권위를 갖고 있기 때문입니다. "그 옷과 그 다리에 이름을 쓴 것이 있으니 만왕의 왕이요 만주의 주라 하였더라"(계 19:16)고 했습니다.

만왕의 왕이신 성령님이 당신에게 관심이 많습니다. 그분은 당신에게 칭찬과 격려의 말을 아낌없이 주시는 변호사이십니다. 그러므로 사람들의 판단이 아닌 오직 성령님의 말을 들으십시오.

둘째, 전체로 크게 보며 살게 되기 때문입니다.

창세기를 보면, 우주와 지구를 만드신 분은 하나님이십니다. 그런 크신 분이 우리 안에 성령님으로 가득히 들어와 계십니다. 그분은 우리에게 필요한 것과 필요 없는 것을 다 아십니다. 그러니 사람들의 작은 평가에 귀 기울이지 말고 우리 인생 전체를 다 알고 계시는 크신 성령님의 음성을 듣고 큰 꿈과 소원을 마음껏 적어야 합니다. 당신 안에 크신 성령님이 가득히 계십니다.

"너희는 너희가 하나님의 성전인 것과 하나님의 성령이 너희 안에 계시는 것을 알지 못하느냐."(고전 3:16)

내 안에 자비의 마음이 많다

당신은 자비의 마음이 있습니까?

내게는 자비의 마음이 많이 있습니다. 하지만 나의 어릴 적 시절을 되짚어 보면 주변 사람들에게 자비의 마음보다는 이기적인 마음이 더 많았던 것이 떠오릅니다. 내가 하고 싶은 것은 다 해야 했고 먹고 싶은 것이 있으면 떼를 써서 부모님과 언니 오빠들에게 받아 내야 했습니다. 하나님의 말씀은 그런 나를 변화시켰습니다. 주일마다 듣는 성경 말씀이 일상생활에서 어떻게 자신을 가꾸고 주위 사람들과 소통하며 서로 돕고 살아야 하는지 깨닫게 했습니다. 그리고 21살 때 김열방 목사님의 설교 말씀을 듣고 성령님이 내 안에 가득히 계시다는 것을 알았습니다. 설교 말씀을 듣자마자 예배를 마치고 교회 문밖을 나서며 말했습니다.

"성령님, 함께 가시지요."

"성령님, 횡단보도를 함께 건너시지요."

나는 정말 신났습니다.

'하나님과 이런 대화가 가능하다니. 정말 행복해.'

내가 행복하니 다른 사람에게 이 기쁜 소식을 빨리 전해 주고 싶었습니다. 내가 알던 한 자매에게 달려가 성령을 체험하도록 돕자 그 자매는 뜨거운 눈물을 흘리며 회개했습니다. 성령님이 내 안에서 그 자매를 향한 자비의 마음을 나타내셨습니다. 내 안에 없던 큰 자비의 마음이었습니다. 나는 '자비'라는 말이 불교 용어인 줄 알았습니다. 그러나 성경책에 자비란 말이 많았습니다.

"그러나 롯이 지체하매 그 사람들이 롯의 손과 그 아내의 손과 두 딸의 손을 잡아 인도하여 성 밖에 두니 여호와께서 그에게 '자비'를 더하심이었더라."(창 19:16)

"네 하나님 여호와는 '자비하신 하나님'이심이라. 그가 너를 버리지 아니하시며 너를 멸하지 아니하시며 네 조상들에게 맹세하신 언약을 잊지 아니하시리라."(신 4:31)

하나님은 긍휼과 인자와 자비가 풍부하신 분입니다.

그분의 백성인 우리 안에도 풍부한 자비로움이 있습니다.

그러면 일상생활에서 어떻게 자비롭게 살까요?

첫째, 자신에게 먼저 자비를 베풀며 살아야 합니다.

자비란 '남을 깊이 사랑하고 가엽게 여김, 또는 그렇게 여겨서 베푸는 혜택'이란 뜻입니다. 내 안에 계신 성령님도 나에게 자비를 베푸십니다. 그러니 나도 내게 자비를 베풀어야 합니다. 예전에 온전한 복음을 몰랐을 때 나는 이런 말을 하곤 했습니다.

"아, 나는 믿음이 약해."

"나는 왜 큰돈을 못 벌까?"

"나는 어리석어."

"나도 다른 사람을 돕고 싶지만 내 코가 석자야."

"우리 집에서 주부인 나만 제일 힘들어."

"나는 왜 이렇게 머릿결이 억셀까? 진짜 싫다."

하지만 자비로우신 성령님은 나의 말을 즉시 바꾸게 하셨습니다. 그래서 조금씩 습관을 바꾸고 지금은 이렇게 말하고 삽니다.

"나는 머리끝부터 발끝까지 다 예뻐. 나는 아름답고 현숙한 여인이야. 성령님이 그렇다면 그런 거야."

"나는 지혜가 넘쳐. 아무리 써도 계속 터져 나와."

"나는 부요해. 내 안에 재벌 아빠 하나님이 계셔."

"와, 억만 번이나 행복합니다. 억만 번이나 감사합니다."

당신도 성령님의 자비로우심을 받으면 행복해지고 감사가 터져 나옵니다. 자신에게 먼저 자비로워야 남에게도 자비로워집니다.

둘째, 이웃에게도 자비로운 마음을 갖고 살아야 합니다.

나는 남편, 자녀, 부모님, 형제, 자매들, 지인들을 위해 기도하고 그들을 사랑합니다. 그들을 생각하면 자비의 마음이 물밀듯이 밀려옵니다. 내 안에 계신 성령님께서 주시는 마음입니다.

"수고했어요."

"사랑해."

"억만 번이나 감사합니다."

"다 잘됩니다."

"예수 이름으로 명하노니 아픈 것은 떠나가라."

"다 나았습니다."

"천재입니다."

"돈이 많네요."

나는 카톡 대화방에서 또는 직접 만나서 이런 이야기를 계속 해줍니다. 성령님이 하라고 하시면 하고, 멈추라고 하시면 멈추고, 나중에 하라고 하시면 그렇게 합니다.

나는 아는 한 자매를 한동안 무심코 내버려두었습니다. 그러던 중 요즘 몇 주 동안 설교 말씀에 이런 내용을 계속 들었습니다.

"여러분, 예수 이름으로 명령하여 분노의 영, 더러운 영을 쫓아내세요. 대장 악한 영이 떠나가면 나머지 더러운 것들이 한꺼번에 다 따라서 나갑니다."

그 말씀을 듣자 그 자매에 대한 자비의 마음이 물밀듯이 밀려왔습니다. 고쳐 주고 도와주고 싶은 마음에 한없이 눈물이 났습니다. 그래서 성령님의 인도하심을 따라 도와주었습니다. 성령님은 참으로 자비하고 친절하고 좋으신 분입니다.

셋째, 옷깃만 스쳐도 자비를 베풀게 됩니다.

얼마 전 집 앞에 있는 아시아공원을 산책하다 한 아이와 나의 셋째 딸이 대화를 나누며 서로 가진 과자를 나누어 먹었습니다.

나는 성령님께 묻고 아이 엄마에게 말을 건넸습니다.

"아이 피부가 백옥이네요. 엄마는 혹시 예수님 믿으세요? 교회에 다니시나요?"

"아니요. 저는 무교에요."

"예수님을 믿으세요. 그러면 구원받고 행복해져요."

나는 그 아이 엄마에게 손가락을 가리켜 교회 위치를 알려주고 집으로 돌아왔습니다. 성령님이 나를 통해 그 가족에게 믿음을 불어넣고 자비의 마음을 베푸신 것입니다. 당신도 예수님의 마음을 본받아 자비를 베풀 수 있습니다. 끝없이 베푸시는 좋으신 하나님을 믿으십시오. 당신을 축복합니다.

기쁨의 영이신 성령님과 함께 사는 나

당신은 기쁜 마음이 있습니까?

내 안에는 기쁜 마음이 가득합니다.

아침에 학교 가는 아이들의 어깨를 두드리며 말했습니다.

"우리 딸 우리 아들, 잘 갔다 와. 성령님, 함께 가시지요."

그러자 아이들이 작은 소리로 따라서 말했습니다.

"성령님, 함께 가시지요."

그리고 나는 이렇게 말했습니다.

"너무너무 사랑해. 많이 사랑해."

아이들이 가고 주방을 향하는데 눈물이 왈칵 쏟아졌습니다.

"흐흐흑. 성령님, 감사합니다. 성령님이 아니면 제가 어떻게 아이들에게 너무너무 사랑한다고 말하겠어요. 정말 감사합니다."

"은하야, 나는 어떤 영이지?"

"기쁨의 영이십니다."

"맞아."

나는 성령님의 얼굴을 믿음으로 보며 미소 지었습니다.

"내가 이것을 너희에게 이름은 내 기쁨이 너희 안에 있어
너희 기쁨을 충만하게 하려 함이라."(요15:11)

성령님은 예수님의 기쁨을 가지고 우리 안에 충만히 와 계신 분입니다. 우리는 그분을 실제로 보고 이야기 나누고 모든 것을 부탁하며 살아야 합니다. 나는 성령 충만하기 때문에 기쁨이 충만합니다. 내가 성령 충만한지 어떻게 아냐고요?

첫째, 내가 가진 기쁨이 믿음으로 보이고 만져집니다.

기쁨은 물질이 아니어서 보이지 않고 만질 수 없습니다. 하지만 내가 기쁘다고 느끼고 말할 때 기뻐지고 내 표정이 밝게 변합니다. 성령님도 내가 믿음으로 그분의 임재를 느끼고 입을 열어 말을 걸면 실제로 세미한 음성으로 대답하시고 움직이십니다.

"성령님, 제 두 손을 잡아 주세요."

내가 성령님을 보고 두 손을 내밀며 말했을 때 그분은 1초의 망설임도 없이 바로 내 손을 잡아 주십니다. 하나님은 살아 계신 참 좋으신 분이며 내 안에 항상 성령 충만으로 들어와 계십니다.

"나를 믿는 자는 성경에 이름과 같이 그 배에서 생수의 강이 흘러나오리라 하시니 이는 그를 믿는 자들이 받을 성령을 가리켜 말씀하신 것이라."(요 7:38~39)

둘째, 모든 것이 믿음으로 시작해서 믿음으로 끝납니다.
나의 하루는 이렇게 시작됩니다.
"성령님, 안녕하세요."
잠들 때는 이렇게 말하고 잠이 듭니다.
"성령님, 제가 꿀잠 잘 때도 지켜 주세요. 이제 잘게요."
나는 21살 때부터 365일 성령님과 함께 살았습니다.
앞으로도 나는 100년간 믿음으로 시작해서 믿음으로 끝내고, 영원히 기쁨의 영이신 성령님과 함께 살 것입니다. 우리가 성령 충만하면 예수님의 시간대로 살게 됩니다. 그분은 영원하십니다.

"예수 그리스도는
어제나 오늘이나 영원토록 동일하시니라."(히 13:8)

당신도 예수님을 믿고 있으니 이미 성령 충만합니다. 그러므로 기쁜 마음으로 당신의 귀한 하루하루를 보내기 바랍니다.
당신을 억만 번이나 축복합니다.

시간은 생명이다

당신은 '시간은 생명'이라는 것을 알고 있습니까?

나는 내게 주어진 시간이 생명이라는 것을 잘 알고 있습니다.

어릴 때 시골 마당이 있는 집에서 자란 나는 집에서 빈둥거리며 텔레비전을 많이 봤습니다. 그때마다 집 앞 텃밭에서 농사일을 하던 엄마가 나를 보고는 안타까운 마음으로 불렀습니다.

"은하야, 만화 그만 보고 공부를 하든지 아니면 밖에 나와서 다른 일을 하든지 해. 시간이 얼마나 귀한 줄 아니? 시간은 금이야. 금 같은 시간을 텔레비전만 보면서 그냥 흘려보내면 되겠니?"

그 당시에 나는 엄마가 왜 자꾸 시간을 금이라고 하는지 도저히 이해가 되지 않았습니다. 그런데 결혼을 하고 자녀를 낳고 키우다 보니 그 말이 점점 이해가 되어 갔습니다.

이번 주일 설교 말씀에 이런 내용을 들었습니다.

"여러분, 우리는 시간 억만장자입니다. 시간은 생명과 같습니다. 그런 귀한 시간을 하나님이 모든 사람에게 똑같이 하루 24시간 100퍼센트 주셨습니다. 그 시간의 십분의 일이나 오분의 일을 뚝 떼어 하나님께 기도하고 찬양해 보세요. 기적이 일어납니다."

시간은 금보다도 귀한 생명과도 같은 것입니다.

그런 시간을 어떻게 하면 잘 사용할 수 있을까요?

첫째, 성령님과 함께 시간을 보내야 합니다.

나는 성령님과 시간을 많이 보냅니다. 눈을 뜨면 말합니다.

"성령님, 안녕하세요."

누워서도 잠깐 방언 기도를 합니다.

그리고 일어나 집안 곳곳을 걸어 다니며 이렇게 말합니다.

"성령님, 함께 걸으시지요."

걸으면서 성령님이 주신 말씀을 핸드폰 메모란에 적습니다.

"은하야, 내가 참으로 너를 사랑한다."

나도 성령님께 답글을 드렸습니다.

"성령님, 저도 참으로 사랑합니다."

그날 할 일도 적습니다.

"운동화 두 켤레 빨기."

나는 아침부터 저녁까지 성령님과 교제합니다.

성령님과 시간을 보내면 무슨 일을 하든지 항상 기뻐하고 쉬지
않고 기도하며 범사에 감사할 수 있습니다.

"항상 기뻐하라. 쉬지 말고 기도하라. 범사에 감사하라.
이것이 그리스도 예수 안에서 너희를 향하신
하나님의 뜻이니라."(살전 5:16~18)

둘째, 시간을 뚝 떼어 기도와 찬양, 성경 보기를 해야 합니다.

하나님이 전 세계 사람들에게 100퍼센트 완벽하게 다 주신 것
이 하루 24시간입니다. 시간도 돈도 원래 모두 하나님의 것이므
로 십일조를 드리는 것처럼 하루에 2시간 20분 정도를 드려야 합
니다. 오분의 일을 드리려면 약 4시간 40분을 드리면 됩니다. 드
리는 것은 하나님과 기도하고 찬양하고 성경 보는 것 등을 말합니
다. 물론 사랑하는 성령님과 함께 지내다 보면 2시간이고 4시간

이고, 10시간, 24시간이 언제 다 흘러갔는지 모를 때가 많을 것입니다. 하나님은 그런 당신을 하루 종일 칭찬하고 격려하십니다.

나는 예전에 일어나자마자 소파에 누워 텔레비전을 틀어 놓고 오전 시간을 다 보낸 적이 꽤 많았습니다. 오후가 되어서야 겨우 입을 열어 성령님께 이런 식으로 말하곤 했습니다.

"아휴, 성령님, 어떡해요. 아까운 시간을 다 보내 버렸어요."

그랬던 내가 지금은 오전에 길을 걸으며 기도하고, 교회 바닥을 닦으며 방언 기도를 하고, 뒷정리하고 또 10분 동안 기도를 합니다. 동영상에 내 목소리로 직접 찬양을 불러 녹음하고 오후에 틀어 놓고 아이와 놀이를 합니다. 이 모두가 성령님의 인도하심이 없이는 안 됩니다. 그래서 나는 이렇게 기도합니다.

"성령님, 오늘도 1분 1초마다 성령님을 바라보고, 성령님과 함께 말하고 생각하고 행동하게 해주세요."

당신도 생명 같은 귀한 시간을 성령님과 함께 하세요.

그분은 당신에게서 잠시도 눈을 떼지 않는 좋으신 하나님이십니다. 이것을 믿고 행복한 하루하루를 보내기 바랍니다.

"주께서 생명의 길을 내게 보이시리니 주의 앞에는 충만한 기쁨이 있고 주의 오른쪽에는 영원한 즐거움이 있나이다."(시 16:11)

믿음으로 심은 것은 반드시 실상으로 나타난다

당신은 바질 씨앗을 심어 본 적이 있습니까?

나는 얼마 전에 바질 씨앗을 심어 본 적이 있습니다.

하루는 교회 갔다 오는 길에 꽃집 앞에 놓인 작은 화분들을 보았습니다. 그중에 바질 화분이 내 눈에 쏙 들어왔습니다. 예쁜 초록색 잎이 귀엽고 먹을 수도 있어서 더 좋아 보였습니다.

바질은 '왕' 이라는 뜻을 가진, 주로 이탈리아 요리에 많이 쓰이는 향신료입니다. 나도 바질을 집에서 키우고 싶었습니다.

나는 성령님께 바질을 키우고 싶다고 말씀드리고 다이소를 들렀는데 한 봉투에 천 원에 팔고 있었습니다. 나는 물었습니다.

"성령님, 바질 씨앗을 지금 살까요?"

"아니, 내가 사라고 하면 그때 사."

"네, 잘 알겠습니다."

다음 주에 성령님이 허락하셔서 바질 씨앗을 샀습니다.

종이컵에 구멍을 뚫고 양파 망을 작게 잘라 깔고 흙을 채운 다음 물을 흠뻑 적셔 씨앗을 심었습니다. 아이와 함께 성령님께 도움을 구해 정성 들여 심었습니다. 그런데 일주일이 지나도 바질 싹이 올라오지 않았습니다. 또 일주일이 지났는데 싹이 없었습니다. 나는 씨앗이 죽었다고 생각했습니다. 그래서 싹을 보러 가지 않았습니다. 며칠 후 주방 일을 하다가 우연히 종이컵 화분을 봤는데 싹이 나 있었습니다. 와, 바질 새싹은 참 귀여웠습니다.

그리고 성령님께서 놀라운 깨달음을 주셨습니다.

"은하야, 믿음으로 심은 것들은 반드시 실상으로 나타난단다."

"믿음은 바라는 것들의 실상이요 보이지 않는 것들의 증거니

선진들이 이로써 증거를 얻었느니라."(히 11:1~2)

나는 지금도 모든 것에 자족하며 감사함 속에서 살고 있습니다. 그러나 더 큰 꿈을 이루기 위해 시간과 돈을 저축하고 투자하며 꿈의 씨앗을 심고 또 심습니다. 그리고 이렇게 말하고 삽니다.

"나는 부요한 의인이다."
"나는 부요한 건강한 사람이다."
"나는 억만장자다."
"나는 부요한 천재다.

성경에 하나님이 그분의 자녀에게 가난하게 살라고 말씀하지 않았습니다. 오히려 부요하게 살라고 말씀하셨습니다. "솔로몬 왕이 마시는 그릇은 다 금이요. 레바논 나무 궁의 그릇들도 다 순금이라. 솔로몬의 시대에 은을 귀하게 여기지 않았다"(대하 9:20)고 했습니다. 솔로몬 왕보다도 크신 왕이신 예수님이 당신 안에 성령님으로 가득히 들어오셨습니다. 그러므로 지금 당신의 지갑에 만 원짜리 두어 장만 들어 있을지라도 이렇게 말하십시오.

"나는 억만장자다."

세계에서 세 번째로 부자인 억만장자 워렌 버핏은 지금도 2만 원 짜리 폴더폰을 쓰며 지갑에 10만 원 정도만 넣어 다닌다고 합니다. 그 사람의 겉으로 드러난 모습이 전부가 아닙니다.
당신 안에 세상 모든 것보다 억만 배나 크신 예수님이 살아 계십니다. 그러므로 당신이 생각하고 말한 '믿음의 씨앗'은 자라서 분명히 올라옵니다. 더딘 것 같아 보여도 하나님은 가장 적당한 때에 싹을 위로 틔워 보여주시고 열매를 거두게 하십니다. 이것을 꼭 기억하고 앞에 계신 성령님을 바라보고 달리기 바랍니다.

"범사에 기한이 있고 천하만사가 다 때가 있느니라."(전 3:1)

지혜를 저장하며 살게 된 이야기

당신은 지혜를 곳간에 저장합니까?

나는 지혜를 매일 조금씩 곳간에 저장하고 있습니다.

나는 모태 신앙으로 엄마 뱃속에서부터 하나님 말씀을 듣고 자랐습니다. 그런데 하나님께 지혜를 구하는 구체적인 방법을 몰랐습니다. 그래서 뭔가 일이 잘 풀리지 않을 때나 학교 성적이 형편없이 나오면 내 머리를 스스로 쥐어박으며 말했습니다.

"아휴, 이 돌머리."

타인에게 '바보'라는 말을 들어도 부정하지 않고 지나쳤습니다.

그러던 중 21살 때 김열방 목사님의 설교 말씀을 들었고 목사님 책도 읽게 되었습니다. 〈김열방의 두뇌개발비법〉이란 책을 읽으며 나는 완전히 달라졌습니다. 내 안에 150억 개 이상의 뇌세포가 있고 나는 하나님의 형상을 따라 지어져서 천재이신 하나님을 닮았다는 것을 깨닫게 된 것입니다. 돌머리가 아니라 나는 금머리, 다이아몬드 두뇌를 가진 하나님의 소중한 딸이었던 것입니다.

성경은 그리스도에 대해 "그 안에는 지혜와 지식의 모든 보화가 감추어져 있느니라"(골 2:3)고 말씀합니다. 이 말씀대로 예수님이 지혜와 지식의 모든 보화를 가지고 내 안에 들어오셨습니다.

나는 지혜가 가득해서 실제 삶에서 성령님과 함께 천재적인 지혜를 가동하고 활용합니다. 내 삶에 지혜가 가득해서 지혜의 일부를 저장하기도 합니다. 지혜를 어떻게 저장할까요?

첫째, 핸드폰 메모란과 빈 종이에 적습니다.

요즘은 주일예배 시간에 말씀을 듣다가 그 말씀에 관련된 좋은 생각이 갑자기 날 때가 있습니다. 그러면 바로 몇 글자로 교회 주보나 빈 종이에 적어 둡니다. 그리고 그것을 토대로 주중에 책으로 써냅니다. 지금 이 책 내용도 바로 그런 것입니다.

둘째, 책을 쓰고 출간해서 내 책 곳간에 저장해 둡니다.

나는 처녀작 〈크게 성공하는 비결〉을 시작으로 벌써 7권의 책을 출간했고, 부지런히 써 놓은 원고도 곳간에 잘 저장해 둡니다. 그리고 꼭 필요할 때 곳간에서 꺼내 책을 쓸 때 사용합니다.

셋째, 일상생활에서 떠오르는 지혜를 저장해 둡니다.

나는 성령님께서 그때그때 사용하라는 지혜만 사용합니다.

성령님께 묻는 습관이 없었을 때는 지혜가 떠오르면 앞뒤 가리지 않고 곧바로 실행에 옮겼습니다. 떠오른 대로 쉬지 않고 하다 보니 현상적으로는 좋았으나 내 몸이 지쳐 갔습니다.

예전에는 인테리어가 재밌어서 새벽까지 우리 집을 페인트칠하고 재봉틀로 가리개와 커튼을 만들기도 했습니다. 지혜를 저장했다가 나눠 했으면 잠을 푹 잘 수 있었을 텐데 지금 생각하면 후회가 됩니다. 그래서 요즘은 성령님께 작은 것부터 큰 것까지 미리 꼭 묻습니다. 얼마 전에 가족들 옷장을 모두 정리했습니다.

"성령님, 오늘 봄옷을 넣고 여름옷을 꺼낼까요? 하루 만에 빨래를 다 해서 끝내 버릴까요?"

"나누어서 해라."

나는 성령님과 함께 빨래를 투명 비닐봉지에 넣어 두었다 하루에 몇 개씩 나누어서 빨고 두꺼운 옷은 세탁소에 맡겼습니다. 그러니 몸이 피곤하지 않았고 책을 쓰고 방언 기도도 하며 재밌게 여름옷 정리를 했습니다. 당신은 어떤 일이 하고 싶고 머리에 떠오른다고 충동적으로 움직이며 즉시 다 하려고 하지 말고 일단 멈추고 마음속으로 주인님이신 성령님께 묻기 바랍니다.

'성령님, 어떻게 할까요?'

순간마다 마음속으로 성령님께 물으십시오. 그러면 그분이 말씀하시고 지시하십니다. 그래야 중요한 일부터 끝낼 수 있고 몸에도 무리되지 않습니다. 적당히 자투리 일도 할 수 있습니다.

오늘부터 지극히 작은 것이라도 성령님께 꼭 물으십시오.

"성령님, 어떻게 할까요?"

비행기 믿음을 가지라

초판 1쇄 인쇄 | 2019년 9월 5일
초판 1쇄 발행 | 2019년 9월 10일

지은이 | 김열방 이은영 정은하

발행인 | 김사라
발행처 | 날개미디어
등록일 | 2005년 6월 9일, 제2005-44호
주소 | 서울특별시 송파구 백제고분로9길 6(잠실동, A동 3층)
전화 | 02)416-7869
메일 | wgec21@daum.net

저작권은 '날개미디어'에 있으며 무단 전제와 복제를 금합니다.
폰트는 '윤소호 2012 통합본'을 사용했습니다.

ISBN : 978-89-91752-75-7 03230

책값 20,000원